图解 精益制造027

工厂心理管理

図解でわかる生産の実務
工場のメンタルヘルス

[日] 铃木丈织 著　　毕玺 译

人民东方出版传媒
People's Oriental Publishing & Media
東方出版社
The Oriental Press

目录 CONTENTS

第 2 章 近年来工厂特有的心理机制及压力

第 3 章

对于新员工的心理维护

第 4 章

对于骨干员工的心理维护

第 5 章

对于现场领导的心理维护

第 6 章

预防员工心理不适的工厂机制

第 7 章

即使这样做还是出现员工心理不适的话

第 8 章

进一步提高生产效率、提升技能的心理方法

前言

虽然所有工作人士都会在意它，但是没有谁能真正了解它。它就是“心理健康”的实践。有些人貌似知道，但其实什么都不知道。有些人貌似明白，但实际上也说不出个所以然来。于是现状就是，大家都自认为懂了，或者觉得自己知道了。对于“心理健康”的知识，大多数人其实都是道听途说才知晓的。

多数情况下大家都不太重视，觉得“心情偶尔不好，没什么大不了的”。这样就容易轻视“忧郁症”的潜在威胁，还会忽视重要的发病迹象。等到最终实在没办法、走投无路了，才会去接受心理咨询。大家都习惯了能拖就拖。

更何况，工厂的心理健康管理有其特别之处。这是因为工厂里存在着独特的氛围，也就是工厂事务基本上不可能做到被全体员工一致赞许。比如以下诸多事项：

做好整理整顿工作是理所当然的事；

防止事故发生是理所当然的事；

按照预定时间完成生产是理所当然的事；

品质均一、良好是理所当然的事；

按照时间继续开展是理所当然的事！

工厂还是和昨天一样在制造产品，工序流程也在照常运转，这没有什么好奇怪的。“按部就班”的工作大受欢迎，于是就形成了“伟大”的固定工作内容。在这种工作模式下更注重的是“协作”，而不是“个人”。如果没有全体员工的共同协作，就生产不出完整的产品。

工厂的生产活动是以全体员工一致协作为前提而开展的。因此员工之间相互帮助、支援的关系是基本原则。但这种协作关系中就暗藏着陷阱。

这其实就是“协作的弊端”。它会一点一点地侵扰着个人，腐蚀个人的心理健康。因为所谓重视协作也就意味着不太认可个人的努力。就算个人再怎么努力也无法从成果上明确反映出自己努力的程度。虽然每天工厂都在生产数以万计的产品，且员工们作为生产线的一员都以此为豪，但公司还是很难认可个人的成果。这就是“协作的弊端”。

工厂的生产线并不是采用了优秀的人才就能迅速提高生产效率的。反倒是，如果有一个人工作效率低下的话，那么其他人就不得不放慢速度去配合他的节奏。这样就会直接影响生产效率。于是员工就会出现以下想法：

本想接着往下做，但不得不等待上面的人。

就算个人努力提高了生产技能，但还是得配合整个生产线的节奏。

就算提出了建议，但还是没有改善问题。

就算自己发现了问题，如果不是负责人，就无法得到别人的配合。

明明是别人的失误，却影响了自己的工作进度。

员工其实希望作为个体被认可、被表扬，而且也有足够的资格被表扬。但是公司只会认可整体的工作，员工无论多么努力都得不到表扬。这样的矛盾在工厂非常容易产生，于是就会造成员工的不满。

应该被肯定的人得不到肯定。

应该被表扬的人得不到表扬。

如果管理不慎，工厂就会形成这样的状况。由于矛盾根深蒂固，比想象的还要难以解决，于是工厂员工的心理健康管理工作往往无从下手。这都是因为平时疏忽大意造成的。如果不能准确把握现状，也就无从考虑解决对策及方针。

但是在制造企业的其他部门，个人被认可和表扬的机会往往很多。比如在销售部，如果销售员获取了新的顾客，有时候甚至能得到红包；对于管理部门而言，只要下功夫改善工序，并能预测到效果就会受到直接的表彰；而在企划部，无论提案是否有用，只要提案数量够多就能得到褒奖。

因此，有必要牢牢掌握工厂独特的心理健康管理的基本方法。比如，你会怎样处理员工不足为提的小失误呢？

例如本应搬来10个零部件，但只搬来了9个。面对这种情况你应该如何反省，做出何种反应呢？

只是偶尔少数了1个！

数错了！是不是累了？

没有什么好讲的，赶紧回去取来就是！

难道是零部件管理有漏洞？

如何防止再次发生这种失误呢？

这时，就需要观察员工的反省及反应的倾向来察觉员工“内心的纠结”“内心的矛盾和变化”。这就是心理健康管理的第一步。

“海因法则”也适用于心理健康管理。你知道“海因法则”吗？海因法则是工伤事故的经验法则之一，它指出每1起重大事故的背后必然存在29起轻微事故和300起异常现象。也就意味着当事故发生后，员工产生的忧郁状态、烦躁的心理以及“糟糕”想法的比例为1∶29∶300。

当发现有大部分员工都觉得“糟糕”时，你就要采取最优行动来处理员工的负面情绪。请结合安全卫生及工厂运营制度，用你擅长的方法来全力应对员工的心理健康问题。

心理健康管理的真正目的在于“让员工朝气蓬勃，让工厂充满活力”，并非仅仅通过些小技巧来帮助员工摆脱忧郁。

请努力实现自我成长！

铃木丈织 博士

第1章

“心理不适”的工厂员工正在逐年递增

1-1

工厂里的“心理不适”是这样增加的

在 1984 年，日本曾经发生过由于工作过度劳累导致患上抑郁症，最终引发自杀未遂的事件，它被认定为工伤事故。这是对“过劳自杀”的首次认定。因此所有公司都纷纷开始思考如何采取措施来维护劳动者的心理健康。另外，根据厚生劳动省 2000 年的数据资料显示，公司里有 60%以上的员工都反映自己心理不适。此后，来自社会经济生产性本部的调查资料也同样显示出有超过 60%的被调查公司回答“心理不适的员工呈增长趋势”。这也说明了心理不适的人员在逐年递增。

随着技术的不断革新以及 IT 化带来的智能化等，工厂的硬件方面实现了飞速的发展。与此同时，公司也在努力完善组织编制和工资体系等配套环境。安全卫生培训也认真地开展了起来。但是为什么心理不适的人员非但没有减少，反而呈现出年年递增的趋势呢？为什么会有这么多人饱受压力之苦以至于生病或出现病症呢？是不是我们疏忽了什么地方？虽然公司内部开展了多种多样的运动，如 5S 运动、品质管理活动（QUALITY CONTROL，简称 QC 活动）、寒暄运动、零缺陷运动（ZERO DEFECT，简称 ZD 运动）等，但是心理不适的人员并没有减少。

因此，让我们从最基本的问题开始重新思考，找出能在整个公司实施的心理健康管理方案，抓住强化管理方案的要点。所以请确认一下公司是否存在这些现象：本想鼓舞员工的士气，可结果却事与愿违；虽然制度存在，感觉让人放心，但实际上完全不起作用；提出的方案只是一个劲地宣扬理想，却完全没有考虑到人的特性等。

心理不适的人员在逐年递增

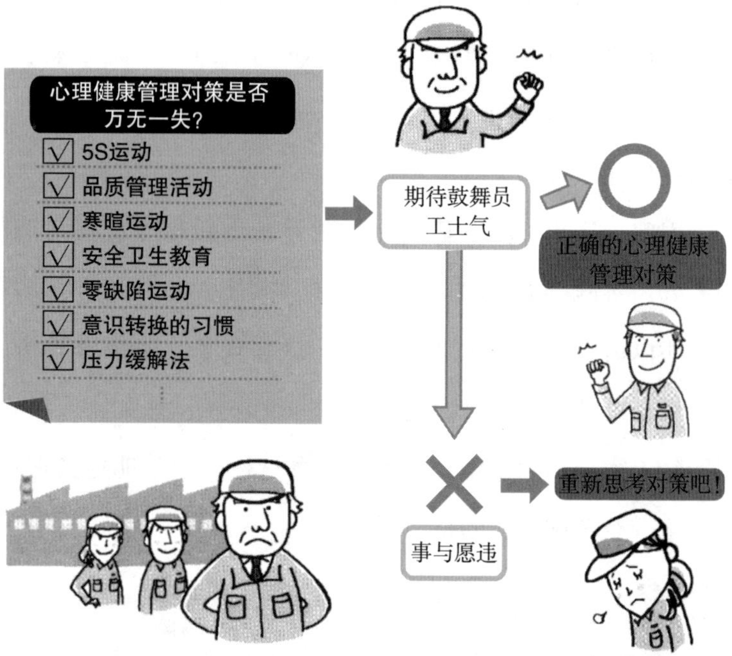

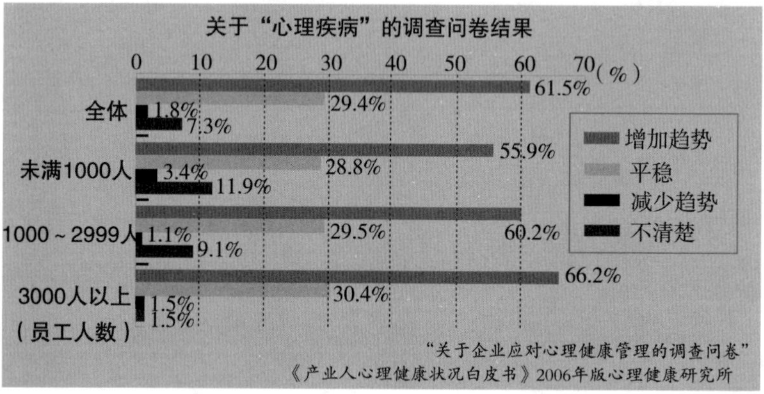

"关于企业应对心理健康管理的调查问卷"
《产业人心理健康状况白皮书》2006年版心理健康研究所

1-2

“单一作业”产生的乏味感和单调感

工厂的环境、管理及作业条件都在逐步完善，因此配套的指导手册也就应运而生了。然而，是否只要按照指导手册上写的做就能预防失误呢？

“不要思考没用的事！照着做就行了。”像这样被强制要求按照指导手册去做的话，是不可能享受到工作的乐趣的。如果连思考都不被允许，大脑就会停止运转，容易产生单调感。其实人在追求简单、轻松的事物的同时，也希望追求新鲜、刺激的事物。人就是拥有这样一种矛盾的心理。如果一直被要求思考复杂的程序，那么过度的难题就会产生压力。相反，要是被告知可以什么都不做的话，自身价值就无法被肯定，这样一来就会丧失动力，也会感到压力。因此，哪怕是再小的事也好，如果没有环境能让你主动提出工作中的改进方案的话，那么工作的“意识”和“自觉性”就会荡然无存。这样就会产生压力。

另外，单一作业容易让人感到单调乏味，引起意识水平的下降。要是一直放之不管的话，就有可能在不知不觉间积蓄大量的压力，最终导致身心不适。

把压力转化为动力的窍门是什么？

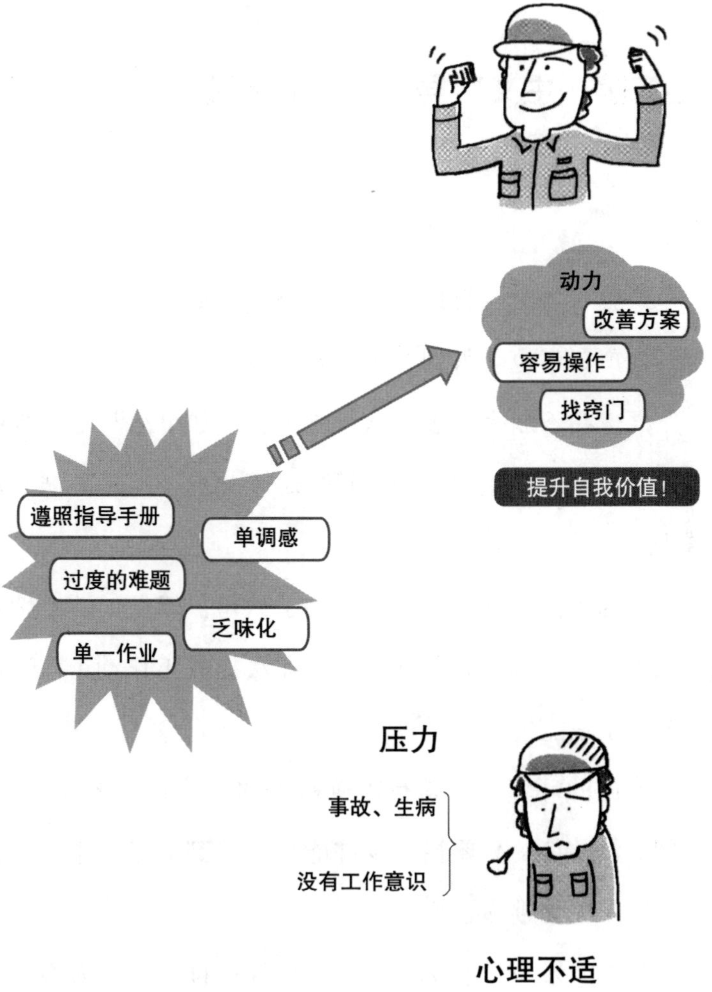

1-3

“生产第一主义”导致的失误频发

生产第一主义令管理制度更为充实。将生产效率放在第一位，生产工序也会得到改善。同时也会完善作业人员的管理。工厂也在不断完善表彰认可制度，比如事故与浪费少的优秀生产线就会得到表扬与认可。尽管如此，但是失误并没有减少。

这是因为虽然管理和成果得到了认可，但员工的个性却被忽视了。个人满足感不强，也就无法提高工作动力。这样是形成不了正能量的。

在这样的环境下，具有叛逆精神的人往往能提起干劲，发挥创造性才能。只要拥有少许能自我感到满足的事情，就算没有结果也会激发能量。

但是，如果一味唱反调的人觉得就算自己一个人偷懒也不会造成什么影响的话，工作斗志就会逐渐松懈。接下来就会开始发牢骚。这样就很容易出现忧郁的症状，引发自我伤害。

一般认为诱发忧郁症的原因主要有三点。首先是体质的原因。由于年龄的增长引起荷尔蒙分泌的减少或异常，从而诱发忧郁症。也有报告指出忧郁症和遗传有莫大的关系。其次是性格的原因。一般来说，勤奋的人、过度认真的人以及喜欢从宏观上把握问题的人容易患上忧郁症。最后是由于过度的压力从而引发忧郁症。比如以下情况就容易导致压力大增：单位及家庭的人际关系问题；过去的失败；消极地看待问题；由于搬家、换工作或者升职等引起的环境变化；经济纠纷；过分地受到领导的期待，虽然希望结束生命完成任务，但最终无法做到，导致焦虑万分，结束生命等。

是因为自身性格容易患上忧郁症吗？

什么是忧郁症？

忧郁症是一种精神性疾病。其精神症状常表现为提不起兴趣、忧郁；只能片面地看到自身缺点；反复出现急躁、忧郁两种极端状态；没有合理的缘由，受到一点小小的刺激就表现出时而兴奋、时而镇静的精神状态等。另外，忧郁症还常常伴有全身倦怠感、自主神经障碍、内分泌功能障碍等精神疾病。

容易积蓄压力的人

符合以下内容的人要特别引起注意！

容易积蓄压力的人的性格名单

□认真　□拼命　□责任心重

□工作狂　□具有严峻生存竞争意识　□急性子

□严谨　□进取意识强烈　□完美主义者

□不会拒绝他人请求　□具有自我牺牲精神

□注重外表　□在意他人的看法

□忙于达成必要的目标

1-4

“小团体活动”引起的心因性疾病

无论在哪个工厂，品质管理活动及小组活动等小团体活动都很盛行。而这些活动的准备、运营实施以及成果发表等，有时候工作量还真不小。这是否会让你觉得负担沉重，产生压力呢？还是你能把负担当成是为活动思考新方案的原动力呢？其实关键在于“课题是由谁所设定的”。如果公司单方面地给员工布置活动课题，还设定了发表期限的话，那么参与者的内心就充满了强烈的牺牲感与义务感。这样非但激发不了动力，还会产生压力。没有了自主独立性，就容易导致员工出现装忙的现象。虽然表面功夫可能做得不错，但实际上员工学不到任何东西，所以当被要求工作形式与内容并重时，员工就会倍感压力。另外，员工要是能和自己合得来的同事同在一个小组工作的话，就会形成良性刺激。相反，员工要是被强制安排到某个小组工作，那么就得特别注意人际关系，就算精神上没有出现忧郁的症状，有时候也会反映自己身体不适。这就是由于心理作用引起的疾病，被称为心因性疾病。

心因性疾病是指由于神经紧张或不安引起身体上的不适，虽然看上去是身体出了问题，但实际上还是心理出了问题。例如，大家都知道压力会导致胃溃疡。其他还包括心脏病发作、在人前写不出字的书写痉挛症、由于痉挛引起的眨眼、嗤鼻、舌头痉挛等症状、面红症、斑秃（鬼剃头）、失眠、勃起功能障碍等诸多病症。这些病症都是由于压力过度地刺激了保持我们身心平衡的荷尔蒙分泌以及自主神经系统，导致平衡失调，从而造成身体出现异常反应。

由压力引发的疾病

什么是心因性疾病?

心因性疾病是指由于神经紧张或不安引起身体上的不适，虽然看上去是身体出了问题，但实际上还是心理出了问题。

这是由于压力过度地刺激了保持我们身心平衡的荷尔蒙分泌及自主神经系统，导致平衡失调，从而造成身体出现异常反应。

压力易引起的身体症状

□高血压	□心脏病		□糖尿病
□胃溃疡	□过敏性肠道综合症		
□腹泻	□腹痛		□偏头痛
□支气管哮喘	□过度换气综合症		
□风湿病	□腰痛	□肩酸	□眼花
□异位性皮炎	□过敏		□斑秃
□痉挛	□恐慌症		□睡眠障碍
□焦虑症	□畏惧症		□忧郁症

1-5

虽然进行了“安全培训”，但事故隐患依然存在

虽然进行了安全培训，但为什么事故隐患依然存在呢？事故隐患是指能诱发重大事故的各种不具伤害性的异常现象，并且遵循海因法则。海因法则是工伤事故的经验法则之一，它指出每1起重大事故的背后，必然存在29起轻微事故和300起异常现象。也就是说，是每发生1起重伤以上的安全事故，其背后就伴随有29起轻伤事故以及存在300处能导致重大悲惨事故的各种不具伤害性的异常现象。

那么为什么事故隐患一直存在呢？其原因是人的“错觉”。比如人们会理所当然地认为只要想好了论文的总论，那么其分论自然就会水到渠成。还比如虽然掌握了知识，但实践起来却并非如此的意识落差。还可能错误地认为有了知识就可以高枕无忧，所以也就没必要努力了。甚至还会错误地认为计划制订好了就等于大功告成了，或是觉得只要有过成功的经历，无论什么时候做都能成功。

如果抱有上述的错觉，就会造成行动缓慢，不能正确把握现状，或者甘于向自己的弱点妥协等情况。所以就算专门进行了安全卫生培训，要是员工觉得遵守规定很麻烦，或是觉得仅仅一点失误也能被原谅的话，那么这些错误意识就会导致当事人工作偷懒，于是事故隐患也就无处不在了。如果经历过事故隐患的话，那么这种经历就会造成压力。当然培训过度也会造成压力。不过，要是无视培训的重要性，置之不理，最终引发事故的话，就会造成最严重的心理压力。

事故隐患源源不绝

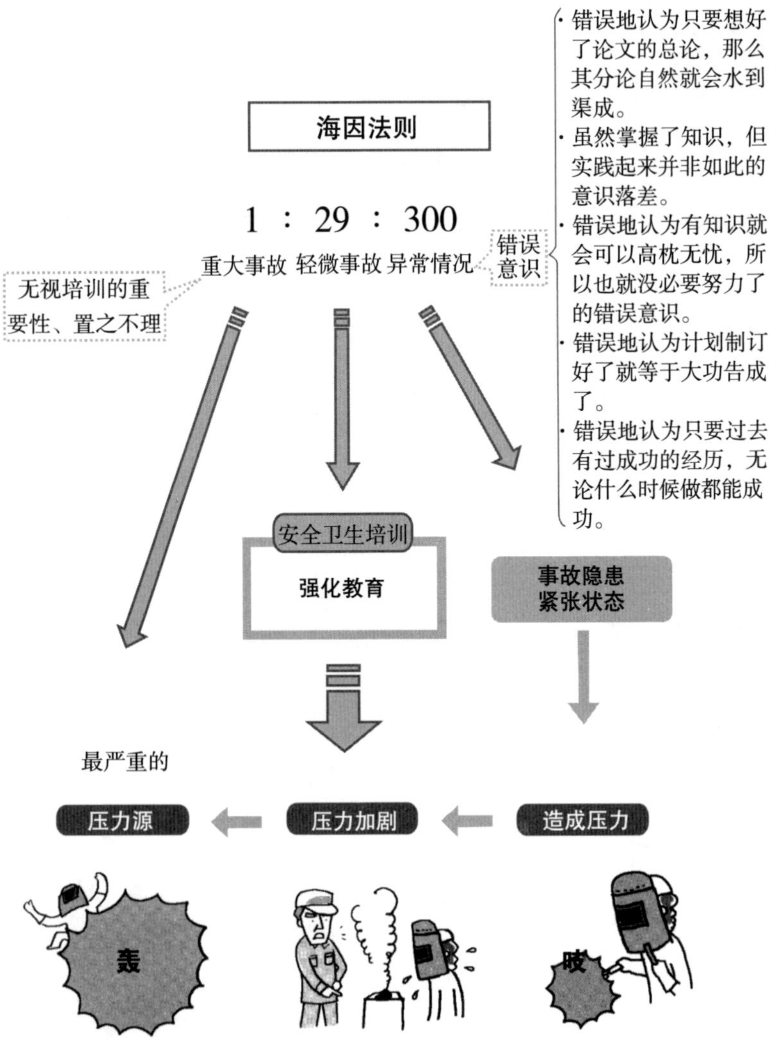

海因法则
1 ： 29 ： 300
重大事故 轻微事故 异常情况
无视培训的重要性、置之不理
错误意识
·错误地认为只要想好了论文的总论，那么其分论自然就会水到渠成。
·虽然掌握了知识，但实践起来并非如此的意识落差。
·错误地认为有知识就会可以高枕无忧，所以也就没必要努力了的错误意识。
·错误地认为计划制订好了就等于大功告成了。
·错误地认为只要过去有过成功的经历，无论什么时候做都能成功。
安全卫生培训
强化教育
事故隐患
紧张状态
最严重的
压力源
压力加剧
造成压力
轰
咚

1-6

即使制定了“阳光问候的习惯”，但摩擦还是会产生

工厂里是否回荡着精神饱满的问候声呢？在工厂，“问候运动”是必不可少的。问候是人际关系的润滑剂。因此，谁都会认为“大家精神饱满地相互问候”是十分有必要的。然而如果只停留在“知道了，会这么做”的程度，其实还是没有真正养成“阳光问候的习惯”。是不是总觉得实践起来有些困难呢？

“阳光问候的习惯”内容包括：

①小组成员间相互确认状态良好的行为；

②对于同一目标相互确认有干劲的行为；

③决心今天也不会受伤、不会发生事故、能安全作业的行为；

④万一出现了失误或问题，大家齐心协力、共同应对的行为；

⑤在感谢顾客的同时，也为完成工作相互致谢的行为。

所以并不是单纯地问候下就完事了。如果不把“阳光问候的习惯”内容传达到位的话，那么员工与员工之间的心就连不到一起。为了把自己的热情准确地传达给对方，适当的表情、声音、态度和姿势是必不可少的。设想如果别人面无表情地给你打招呼的话，那只会增加听话人的不信任感。这是因为我们表达的语言和我们想要传达的热情其实是有出入的。因此，即便知道对方的话并没有任何敌意，但还是不能欣然接受。于是自然而然也就不会想要和对方行动一致。另外，要是对方的问候声低声细语、有气无力的话，那么听话人就会感觉说话人没有自信，显得非常软弱。所以就算要一起工作，听话人也提不起动力来。于是人际关系就会出现矛盾。如果每天早上都听到同事无精打采的问候声的话，那么相互之间的关系只会越来越恶化。

另外，如果“问候运动”被强制执行的话，那么员工们的“失望感”往往就常会蔓延开来。

“阳光问候的习惯”内容是否传达到位了?

“阳光问候的习惯”内容

①小组成员间相互确认状态良好的行为;
②对于同一目标相互确认有干劲的行为;
③决心今天也不会受伤、不会发生事故、能安全作业的行为;
④万一出现了失误或问题，大家齐心协力，共同应对的行为;
⑤在感谢顾客的同时，也为完成工作相互致谢的行为。

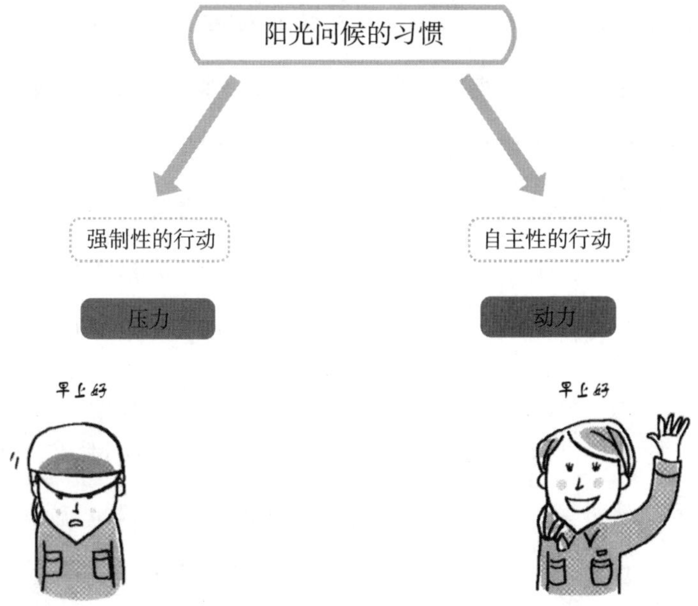

1-7

即使“确立了领导地位”，但管理失误还是会发生

即便制度存在也不代表就能发挥作用，因此如果制定不出切实有效的制度，结果还是没有任何意义。同样，就算取得了领导权也不见得就能管理好员工。所以，如果管理者的选任不合适，就有可能持续发生管理上的失误。

在领导自以为是的命令下，从表面上看工厂似乎处于理想的状态，员工都按照规定在努力工作着。但是实际上员工并不能发表自己的意见，很可能只是表面上装出顺从领导的样子而已。员工不能表达自己内心的真实想法，而同事间的相互协作也是时有时无。上面决定了的事只是应付一声“知道了”就过去了，所以这个决定不知道什么时候也就不了了之了。要是连检查和管理都只是在做表面功夫的话，失误自然就会源源不断。在这样的环境下，就算再怎么小心谨慎，也阻止不了失误的产生。如果置身于必须顺从领导、无法表达自我主张的环境里工作，自然就会对于总要看着领导脸色

办事产生厌烦感，在人际关系方面也处处谨小慎微，这样就极易堆积压力。

作为一名领导，除了需要具有能被全体员工认可的工作能力外，还要极富个人魅力。领导需要拿出实实在在的业绩和积极向前的姿态来服众。这样一来，大家都会认为这个领导工作很能干。领导同时还要懂得体谅员工，抱有信念，并且对谁都一视同仁。此外，领导还需要成为员工的榜样，善于鼓舞人心，并且还要有能力为员工创造良好的工作环境。

反之，如果领导觉得自身职位负担沉重，感到了来自员工的巨大压力，并且丧失了工作热情的话，那么就算是领导也可能因为压力过重而导致心理不适。

领导是怎样的人？有没有选错领导？

压力

领导选任不当

- 自以为是
- 全是命令性的指导

动力

切实发挥领导作用

被全体员工一致认可的具有工作能力且极富个人魅力的领导

员工

- 表面上顺从领导
- 不能表达内心的真实想法，同事间的相互协作也是时有时无
- 决定了的事只是应付一声却不去实行

- 成为员工的榜样
- 能鼓舞我们的士气
- 为我们创造良好的工作环境

失误 → **领导心理不适**

1-8

“5S 运动”无法渗透下去

5S 运动（即整理、整顿、清扫、清洁和素养）在很多工厂都积极开展着。这是基本中的基本了。不仅工厂的墙壁上，连楼梯上、走廊上都贴满了 5S 运动的宣传海报。员工们早已屡见不鲜了。就算在早晨的例会上，5S 运动也常常被提及。甚至有些月份还会被设定为 5S 运动强化月，以引起人们的高度重视。

然而，其实 5S 运动也就是在那些场合说说罢了。你有没有听到过以下这样的声音呢？

关于整理、整顿，“已经做得可以了。不可能做得更好了”。

关于清洁、清扫，“这是理所当然的事啦。一直都这么做的，都已经习惯了”。

关于素养，“就算现在再提什么‘素养’，也只不过是按规矩办事罢了。所以一定能做到啦”。

对于这样心态上持消极想法的员工来说，5S 运动实际上也就是做做形式而已。虽然工厂一个劲地高喊口号，但员工只是表面应付一下。等哪天事故真的发生了，你肯定会觉得这很不可思议啊。然而，要是事故发生了你才开始后悔当初的话，就为时已晚了。

另外，要是一直被强制执行的话，那还是无法消除员工的消极心态以及义务性的心态。这好比明知做有些事是有危险的，可还是会习惯性地做这些危险动作。这种行为实际上就是在一种被迫紧张和压力的状态下进行的。然而，绝大多数情况下本人是意识不到的。其实，具有像“嗯，就这样吧”这样从容不迫的心态才是提升动力的基本原则。如果工厂没有制度来保障员工的自主行为的话，那么还是形成不了动力。

从容不迫的心态是必不可少的

强化月

“嗯，就这样吧”这样从容不迫的心态 → **动力**

被强迫做的义务性的心态 消极的心态 → **压力**

1-9

即使开展了“ZD 运动”，失误却仍在增加

ZD 运动（ZERO DEFECT，即零缺陷运动）是指以“零灾害”为目标的运动。不用说，它是消除失误的重要方法之一。可为什么员工会抱有抵触情绪呢？比如觉得“人总有失误的时候，可我们却被强制要求不准失误”或“只不过是把责任全都推到‘个人’身上罢了”等。尽管员工认为可以从事故及失误中学到很多，还能增长经验，也希望为改善技能而刻苦练习，但实际上工厂的种种做法却让员工觉得不公和不满。比如抱怨“只会以失误的多少来衡量个人业绩”，或“明明是机器的问题，可最终还是把责任推卸给个人，这实在是太过分了”等。

作为 ZD 运动的方针，首先应该明确公司的指导与责任。否则 ZD 运动就没有任何意义，只会让人感到被强迫，于是就会形成无意识的反抗情绪。这样会导致员工采取消极的行为，对于压力反应敏感。

员工只要一想到“不许失误”，就会紧张起来。可越是小心谨慎越是焦虑，并且还会加剧心理负担，比如老想“要是犯错了怎么办啊”或“肯定是犯错了”等。而要是一想到“这是绝对不行的”或“又要挨批了”之类的话，情绪就会更为悲观。这时身体就会出现心跳加快、血压升高、呼吸急促、肌肉僵硬、手脚冰冷、肠胃蠕动缓慢、免疫力和抵抗力下降、肾上腺素及去甲肾上腺素快速分泌等反应。在这样的状态下是绝对发挥不出全部的实力的，甚至连平常的实力也发挥不出来。最后，就会陷入压力过敏的恶性循环中。

指导方针及责任是否明确

ZD运动

如果方针的贯彻、指导及责任不明确的话……

担心“要是犯错了怎么办啊”
或“肯定是犯错了”

↓

一想到“绝对不行”或
“又要挨批了”就会情绪悲观 →

身体的反应

- ●血压升高
- ●呼吸急促
- ●肌肉僵硬
- ●手脚冰冷
- ●肠胃蠕动缓慢
- ●免疫力和抵抗力下降
- ●肾上腺素及去甲肾上腺素快速分泌

……

← 发挥不出全部的实力

↓

甚至连平常的实力也发挥不出

↓

陷入压力过敏的恶性循环

1–10

即使贯彻了“卫生培训”，但还是会有员工心理不适

卫生也是员工们所期望的。它不仅能预防失误，还能预防事故。所以不会有人对切实做好卫生工作有任何异议。然而，就算执行了，心理不适的员工仍然不在少数。

打个比方，比如就算掌握了心理健康的知识，也知道压力形成的原理，可为什么有时候还是会心理不适呢？谁都会认为这种心理不适是由于自身原因而导致的。究其根本原因，是因为时常出现麻痹大意的状态所导致的。

要是觉得“梦想总是实现不了。但正因为实现不了，这才叫梦想吧”“理想就是理想，现实中是不存在的。事故也好，生病也好，都是上天安排好的，时间到了自然就会发生”或“实在是没办法了”的话，就会造成麻痹大意。这并非乐观主义。要是动不动就脸色大变或是找各种借口为自己开脱的话，这些消极的言行只会增大压力。要是存在以下的消极行为，那就说明你需要引起注意了。

①想到了不用干活的好借口：比如抱有“因为很忙”“因为紧张”或“就算现在做了也无济于事了”等想法。就算下定决心要做了，可想起来以前也有过放弃的经历，于是也就不了了之了。要是总抱有放弃的消极念头，或者“发誓明天肯定做”这样的拖延情绪的话，是永远完成不了任务的。

②想到了为博取同情的诉苦之言：要是这样的话，认真准备的心态及积极面对困难的心态就会消失。接下来就会越来越想要依赖他人。这时如果有人跟着一起发牢骚的话，这个人最终也会被带坏。

③最近总是一个劲地做，一个劲地说：要是这样的话，就没有时间思考自己的行为对他人产生的影响，也没时间观察他人的反应了。真是不能麻痹大意啊。

切忌麻痹大意！

由于自身原因引发心理不适的可能性

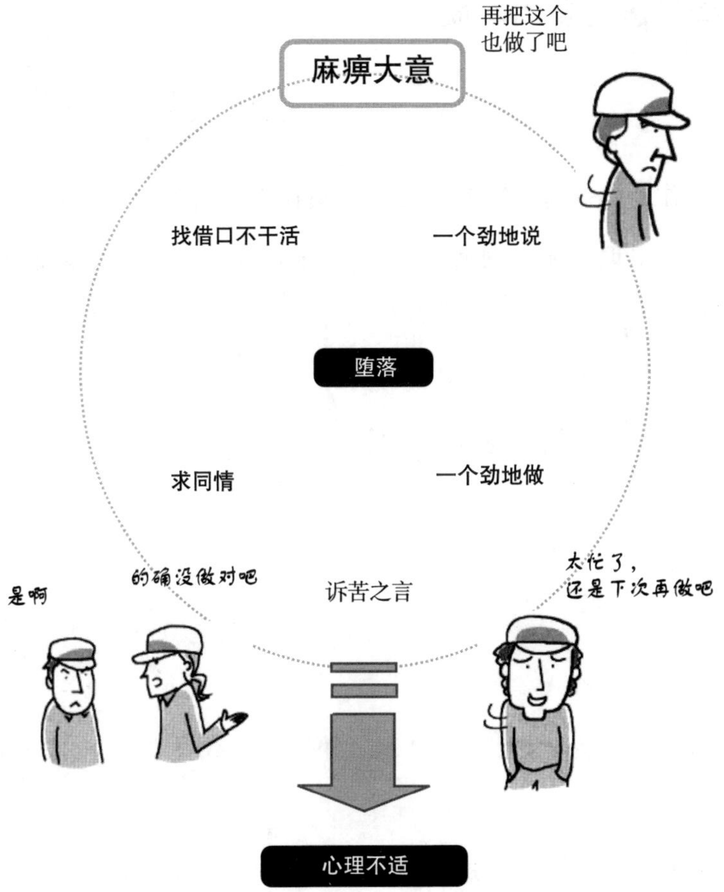

1-11

对工厂里的各种不良因素置之不理，其实就是看不透问题的本质

作为心理健康管理对策，必须在整个公司里对心理不适的员工采取措施，同时预防正常员工出现心理不适的症状。具体办法如下：

①实施预防心理不适的教育培训（第一道防线）。培训心理健康知识以及如何放松的具体实施办法，完善日常心理咨询制度。

②做到对心理不适人员的充分理解和细心照顾（第二道防线）。做到早发现早治疗，并完善与人事劳务部门和行业医师相互合作的良好机制。

③完善员工复职支援体制（第三道防线）。完善复职人员不会反复发病的必要体制。

然而，就算以上这些做得再好，也还是会有不足之处。如果把压力当成不好的事物，想加以消灭的话，从根本上还是无法解决问题。

应当勇于“向不良的因素挑战”。重要的是要善于把握现状，及时发现工厂里员工们的各种“不平、不满、不和、不足、不信任、不完备和不适”情绪，并常常思考对策，创造“相互探索、相互交流、相互思考”的环境。“挑战不良因素”这种行为本身就能提高斗志，成为强化心理健康的精神食粮。如果没有勇气这么做的话，与压力的斗争就将没完没了地持续下去。

能否“换位思考”直接关系到工厂里上司、部下以及同事等所有在一起工作的人能否消除相互间的不信任感、误解和错觉，以及能否创造融洽和谐的工作环境。要尽量发扬员工的个性，相互认同价值，并努力把员工个人的梦想和公司的梦想有机地结合起来。

勇于“向不健康的因素挑战”！

创造健康的工作环境

第一道防线：实施预防心理不适的教育培训

> 培训心理健康知识以及如何放松的具体实施办法，完善日常心理咨询制度

第二道防线：做到对心理不适人员的充分理解及细心照顾

> 做到早发现早治疗，并完善与人事劳务部门和行业医师相互合作的良好机制

第三道防线：完善员工复职支援体制

> 完善复职人员不会反复发病的必要体制

向不健康的因素挑战

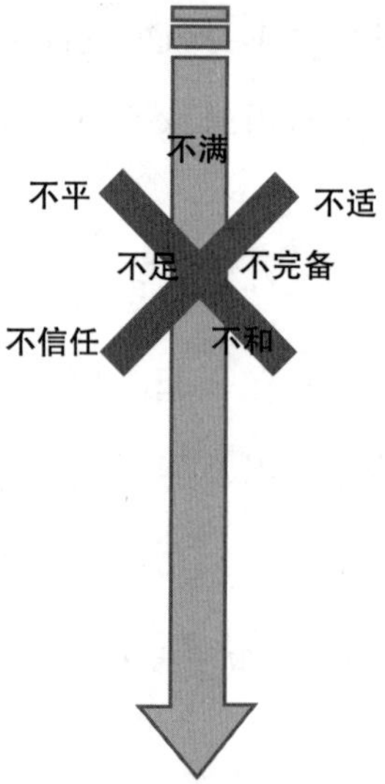

提高斗志

相互探索
相互交流
相互思考
} 创造良好的环境

【专栏】 心理健康维护法①

O_2 法（打哈欠法）

心理健康维护的课题就是学会在日常生活中如何自我放松，以及如何对待压力。学会适合自己的放松方法就能简单持续地舒缓紧张的状态，保持心情放松。这不仅对暂时性的压力有效，对于维持身心健康以及提高动力也有效。

“O_2 法”是指吸入充足的氧气并将传送到脑部及全身的方法。这种方法对于活跃大脑思维、恢复疲劳、加快新陈代谢、提高精力、耐力和免疫力等有明显的效果。吸取氧气的方法很多，其中一种方法是在伸展手臂的同时大声地打哈欠。但是有一点要注意，请在工作中的同事看不见的地方，如洗手间或休息室等场所进行。

第 2 章

近年来工厂特有的心理机制及压力

2-1

工厂的心理机制概况

在工厂，为实现提高生产效率、提升品质、削减浪费以及提高机器性能等的技术革新项目层出不穷。另外，预防失误和事故的安全培训也在时常开展。管理体制不断完善，越来越向 IT 化靠拢。然而现代化的工厂虽然掌握了最新的技术，也取得积极的成果，但另一方面，由于压力过重而导致心理不适的员工也不少。即便员工有干劲、肯努力、每天都认真工作了，可为什么还是会承受过重的压力呢？

其实这不仅仅是个人的体质、性格及环境特征的原因，同时还有心理因素的原因。我们应该在充分了解了人的本质特性后再考虑应对措施。例如：

①人无论多么沉着冷静，当面对变化时还是会出现紧张和不安。我们在寻求变化的同时也畏惧变化，这就是人的一种矛盾心理。并且，我们还希望通过维持现状来获得安全感。所以变革就必然会带来压力。

②虽然我们认为使用了新技术就应该没问题了，但我们还是会时常担心发生问题。随着不安的情绪一点一点地扩大，就会让人消极地预测整个事件。除非你已经麻木了，否则不安的情绪始终都会困扰着你。

③就算自己负责的工作没问题，但要是到了下游作业出现问题的话，产品质量不良的责任还是会归咎到整个生产线。因此很多员工都对此感到不安。于是就会造成严重的心理负担，导致无法信任他人，担心自己也要为他人的过失承担责任。

理解工厂的心理机制

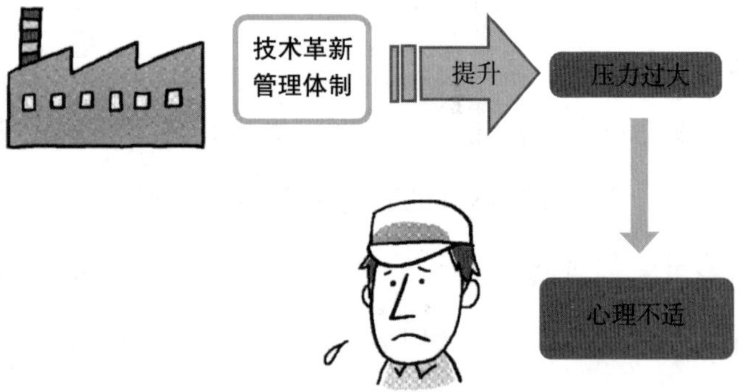

无法杜绝心理不适的原因

① 人无论多么沉着冷静，当面对变化时还是会出现紧张和不安。我们在寻求变化的同时也畏惧变化，这就是人的一种矛盾心理。并且，我们还希望通过维持现状来获得安全感。所以变革就必然会带来压力。

②虽然我们认为使用了新技术就应该没问题了，但我们还是会时常担心发生问题。随着不安的情绪一点一点地扩大，就会让人消极地预测整个事件。除非你已经麻木了，否则不安的情绪始终都会困扰着你。

③就算自己负责的工作没问题，但是到了下游作业出现问题的话，产品质量不良的责任还是会归咎到整个生产线。因此很多员工都对此感到不安。于是就会造成严重的心理负担，导致无法信任他人，担心自己也要为他人的过失承担责任。

2-2

经济高度成长时期的工厂和现代工厂的差异

日本经济高度成长时期是一个只要造出来就卖得出去的时代。在那时有消费文化做保障，所以为了追求生产，都是全力开动机器。员工们仿佛和机器融为一体，充满了活力。为了制造出体积更大、功能更全的终极产品，工厂虽然反反复复地进行试验，可是员工们还是能乐在其中，感受着生产的快乐。当然，结果是有些部分实现了智能化，有些部分还没有。其中虽然也存在着许多的失败经验，可这些责任全部由工厂承担。工厂里也存在着互帮互助的友好氛围。只要上面说一声，就能统一企业理念和工厂的生产价值观。

此后，日本经历了石油危机和泡沫经济。到了现在，日本制造业的广告词亮点却变成了“体积小且环保”或“为满足个别需求提供细致的服务”等。因此，工厂不但要提供种类丰富的产品，还要注重产品质量。随着大规模生产体制的瓦解，各生产线的制造品质开始受到重视。另外，环保理念不仅在制造工程中被提及，也渗透到了原材料的选择、产品的废弃和回收方法以及废物再利用等各个环节。并且工厂还制定了详细的作业规定。当然，考虑到企业的社会责任，作为一个负责任的生产者，这些做法都是理所当然的。但这并不意味着环保理念就是压力源。不过，和从前相比，现在确实更注重个人的责任，所以个人的负担也就变重了。即便是小组作业也会感到自己的工作变多了。于是就容易因为生产线的不同、作业量分配不公的问题产生不公平感。这种想法有可能转变成不安和不满的情绪，最终成为压力源。

现代工厂中压力源变多了

工厂的机制

经济高度成长期 ➡ 现在

消费文化

大型产品，大规模生产体制
可以反复试验

↓

生产的**快乐**

↓

全体责任
全体互帮互助的氛围
价值观的统一

经济后退

小型，个人需求
重视产品种类丰富和产品质量

↓

重视各个生产线的制造品质
环保对策
制定详细的作业规定

↓

重视个人责任
作业量分配的不公感

不安、不满

↓

压力

2-3

员工的“荷尔蒙平衡”机制

压力和荷尔蒙平衡之间有莫大的关系。当我们感到压力时，我们身体就会做出要么斗争、要么逃跑的反应。当人或动物感知危险寻求自保时，无论是斗争还是逃跑，身体都会调节荷尔蒙，这是一种动员身心能量的本能反应。这种本能反应受自主神经的控制，当自主神经出现变化时，荷尔蒙平衡就会被打破，继而引起身体不适、行动不便等不良反应。自主神经可以调节我们的呼吸、循环、消化、吸收及生殖系统等，并且不受自我意识控制。

另外，就性格而言有些人容易积蓄压力。例如具有认真、拼命、责任心重、急性子、严谨、不会拒绝他人请求、进取意识强烈、完美主义、具有自我牺牲精神以及注重外表等性格的人容易积蓄压力。然而并不是所有的人都爱操心，慢性子的人有时候反而会疏忽自己的荷尔蒙平衡失调。他们并不是对压力反应慢，而是对变化反应慢。如果他们一直一成不变地工作，就会疏忽本该引起注意的身体变化。他们常常会忽视口渴、发热等身体小信号，等身体出现重大变化后才意识到。实际上在此之前应该出现过荷尔蒙失调，身体不适等先兆。一旦平衡突破极限，就会使人患上忧郁症。总之，谁都有可能因为压力导致荷尔蒙失调，最终诱发忧郁症。

谁都可能出现荷尔蒙平衡失调的状况

荷尔蒙平衡的机制

斗争还是逃跑的反应

当人或动物感知危险寻求自保时，
无论是斗争还是逃跑，都是动员
身心能量的本能反应

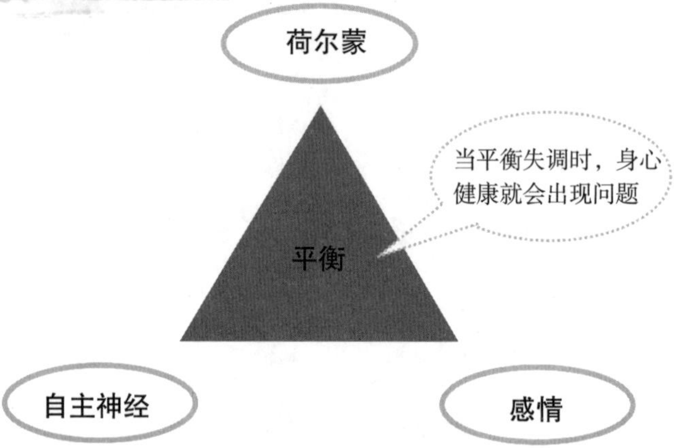

2-4

交流引起的“内心曲解”机制

无论在哪个工厂，都鼓励大家多交流。通过相互搭话，能够加深人与人之间的关系，增强同事间的信赖感。这对提高工作意识和工作动力都有好处。

于是，在早晨例会时、上班时、开始工作前、交班及下班时都可以听到大家相互问候、鼓励和说笑的声音。特别是在工厂，即便是在工作中也好，相互搭话还能起到预防因为疏忽大意造成失误的作用。这虽然是件很简单的事，但是意义重大。

但是，如果认为这只是件简单的事，就有可能草草了事，以至于不考虑别人的感受，自己想怎么做就怎么做。因此，如果搭话的时间、说话的声音、态度或是语调不对，让人觉得这个人很自以为是的话，就有可能给对方留下不好的印象。例如，有人有气无力地说：“大家早上好。今天没有异常情况，一起加油工作吧。”并且还没有任何眼神交流的话，就会让人完全感受不到工作的动力，觉得只是因为轮到他发言所以才讲话的。这样就会造成负面影响，让人在开始工作前就产生排斥感，增加不必要的不信任感。“加油”这个词包含着激励的意思，但如果让听者怀疑说话人的态度及语调的话(说话人本意并非如此)，那么就把本来的意思扭曲了。这就是“内心曲解”机制。

在职场的诸多压力中，人际关系问题排在首位。其实我们只要稍稍改变意识就能改善人际关系。在打招呼时要意识到用铿锵有力的说话声把语言所表达的意思准确地传达给对方。这样就会把自己充满活力、积极向上的心态传播出去。

声音的洪亮度、说话的态度及语调是否给他人留下了负面印象？

“内心曲解”机制

问候
搭话

负面印象

充满活力、积极向上的心态

压力

动力

问候	阳光有朝气，热心关切他人 总是真诚、充满活力 叫出对方的名字，并说出积极鼓励的语言	敞开心胸，一定要回应他人的问候

2-5

目标揭晓与“没兴趣”机制

公司都会设定具体目标，如“梦想必须实现”或“要切实达成目标”，以提高员工的工作热情。此外，目标达成时的成就感会刺激员工去实现下一个目标。因此，工厂的很多地方都张贴着当前的奋斗目标。各种口号以及醒目的标语写得十分生动。经常看看这些口号，再憧憬一下未来，并大声说出鼓舞的话语，就会产生动力。但这么做为什么会变成压力源呢？

抱有“提出这种目标也只不过是寻求安慰罢了”或“无论如何都不可能达成目标。肯定不行啦”这样想法的人其实就是不想努力，光凭自己的瞎想就大发牢骚。什么都还没开始做就已经觉得麻烦了。如果这样的消极想法广泛扩散开来，最后就会产生“因为大家都这么说，所以我也这么说”的局面，导致大家都不会自主思考。

另一方面，如果领导说：“到目前为止一直都这么做着，其实这样做就可以了。你们哪个人给我想想新方案也可以。”这样说的话，就自然不会有人对这个目标感兴趣。员工没有自主性，就算抱着“先做做看”的想法不情愿地干着，心理也会觉得肯定是达不成目标的。这样就永远不可能实现目标，提出的口号也不过是一句空话而已。于是，员工就会把总在大声吆喝的上司的态度、言论及其存在当成是负面的东西，继而丧失干劲。久而久之就会陷入恶性循环当中。千篇一律的工作只会让人觉得乏味。

所以领导务必自主、认真地提出目标。一旦领导开始思考“从什么地方开始着手呢”，就会带动自己和周围的人朝着目标努力奋斗。要是工厂里有这样一位干劲十足的领导的话，员工们就会纷纷效仿，斗志昂扬地朝着目标奋斗。相反，不走心的工作只会诱发压力。

没兴趣导致大家千篇一律的思考是压力之源

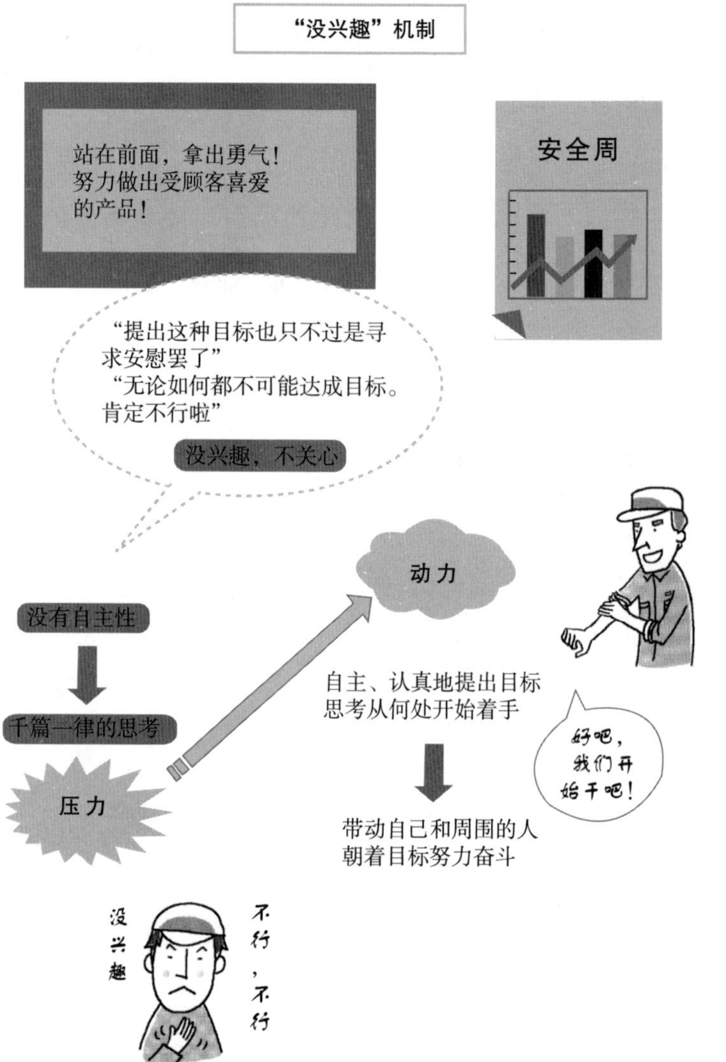

2-6

团体行动与“失望”机制

有种法则叫帕累托法则（译注：Pareto Principle）。它指出，团体内存在着差异。比如本该朝着同一目标共同奋斗的团队中，积极工作的人只占全体的两成左右，持批判、反抗态度的人也占两成左右，剩余的六成人则是会根据实际情况调整立场的中间派。取得成功的关键就在于能否把中间派的人诱导到积极行动派里去，使整个团队的士气高涨起来。

请想想如何才能营造出“只要努力了，就会激发更大动力”这样积极的氛围。当然，这并不像口头上说的那样简单。因为即便大伙都充满了干劲，能使大伙士气大衰的“失望”机制也依然存在。

有些人可能不知不觉间就太过谨慎，导致自己变得时而退缩，时而沉默寡言，时而又对于没能成为积极行动派而心生遗憾，无法做真正的自己。这样的人，即便表面上做出要和大家步调一致的样子，实际上却迟迟不能开始行动。于是在这种恶性循环中看不到一点希望，自己的弱点也就渐渐地暴露了出来。这时，这种人会以“看吧，从一开始我就认为不行”或“最终肯定还是不行啦”这种想法为失败找借口。这样一来，不仅会影响到本人，还会使整个团队的士气大受打击。

所以管理者要和积极行动派的成员保持行动一致，只要在其中负责自己最拿手的工作就能发挥出领导作用。一部分的员工饱含工作热情，就能明确个人职责，从而凸显员工的个人才能。这样，通过认可自己和他人的存在价值就会启动“希望”的机制。

你是哪一派的？

“失望”机制

帕累托法则

2 : 6 : 2

消极派　中间派　积极派

只要努力了，就会激发出更大动力

过于谨慎
犹豫退缩
沉默寡言、嫉妒、羡慕

↓

迟迟不能开始行动

↓

失望，找借口

“希望”机制

- 和积极行动派的成员保持行动一致
- 通过负责最拿手的工作来发挥领导作用

↓

一部分员工饱含工作热情，就能明确个人职责
员工的个人才能得以凸显
自己和他人的存在价值得到认可

2-7

谈论工作与“自我否定”机制

当员工和上司或者领导谈论工作时，如果总是回答：“好的，知道了。我会尽量加油的”或“为什么是这样呢”，就要引起注意了。因为这些话虽然听起来是积极的，可实际上却含有自我辩护的因素。所谓“自我辩护的因素”，是指总找借口，或是在做某事前就诡辩说做不到之类的行为。也就是说，当你说“尽量”时，就表示预料到有做不成的可能性，从而拒绝行动。而当你直率地问对方“为什么”时，就隐含着你坚持个人的处理方式、拒绝其他方式的否定姿态。自我辩护是自我否定的第一步。它会和其他因素一起形成对自我和他人的否定。其他因素还包括：觉得这不是我该做的事，于是什么都不做，一味逃避的“自我逃避”；觉得做是可以做，但我只会这样做，不思进取的“自我满足”；同情自己，觉得自己应该更疼爱自己的“自我怜悯”以及无视他人，一味表达自我想法的“自我表现”。

此外，员工可能还会没完没了地“抱怨”。要是一直问“为什么”的话，就会形成固执的思想。抱怨的情绪就会变得敏感。于是总想发牢骚，慢慢就会养成习惯，甚至思维方式也会因为总抱怨而变得消极。当看待所有事物的方式都变消极了，就会形成压力源，最终会因为压力引发忧郁的状态。

其实每个人的心中都有正能量。但是它会由于心理因素的影响而产生变质。所以当我们和上司或者领导谈论工作时，只需爽快地回复“知道了”就行。相反，各种理由则会阻碍沟通，筑起负面心理的高墙。

“牢骚”是否越来越多?

“自我否定”机制

“知道了”

询问“为什么”

- **自我辩护**：找借口，或是在做某事前就诡辩
- **自我否定**：坚持拘泥于个人的处理方式，拒绝其他方式的否定姿态
- **自我逃避**：觉得这不是我该做的事，于是什么都不做，一味逃避
- **自我满足**：觉得做是可以做，但我只会这样做，不思进取
- **自我怜悯**：同情自己，觉得自己应该更疼爱自己
- **自我表现**：无视他人，一味表达自我的想法

↓

抱怨

↓

消极化

只需爽快地回复

我会好好干

↓

积极的心理

↓

积极化

2-8

OJT 与“错误”机制

OJT 制度（On the Job Training，即在职培训）是怎样发挥作用的呢？对于新人及初学者来说，技能及安全知识方面的教育培训是必不可少的。操作不熟练就会提高引发事故和灾害的风险。所以这种培训制度是十分有必要的。它让新人及部下尽快掌握独立的工作能力与应对能力，从而提高团队的综合能力和个人的工作效率。

然而，在培训完毕后如果上司不确定是否已把培训内容传达到位的话，上司和部下就有可能双双产生错觉。上司或领导会认为已经充分传授了培训内容，所以没问题。而员工也会认为自己已经理解了，并且已经按照吩咐做了，甚至还会觉得知道了就等于能做到。但是，这其实是种错觉。员工能做到的水平和领导所期望的水平有可能相距甚远。于是员工就会常常觉得自己应该可以做得更好，但总是事与愿违。这种错觉就会导致员工陷入自我矛盾的状态中。于是，员工就会对所有工作感到不安，陷入慢节奏的工作状态中。工作越做越慢，自然就会产生强烈的落后感与孤立感，于是压力就会激增，使人陷入忧郁的状态中。

因此，应该让新人、初学者和经验丰富的老员工相互搭配，充分发挥 OJT 的作用，在确保安全的基础上掌握技能。导师不仅要监督新人反复练习做到熟练掌握，还要告诉新人这么做的目的。同时导师和新人双方都应该明确培训的任务及思想。还要避免由于“错误”机制导致新人压力大增。

OJT充分发挥作用了吗?

“错误”机制

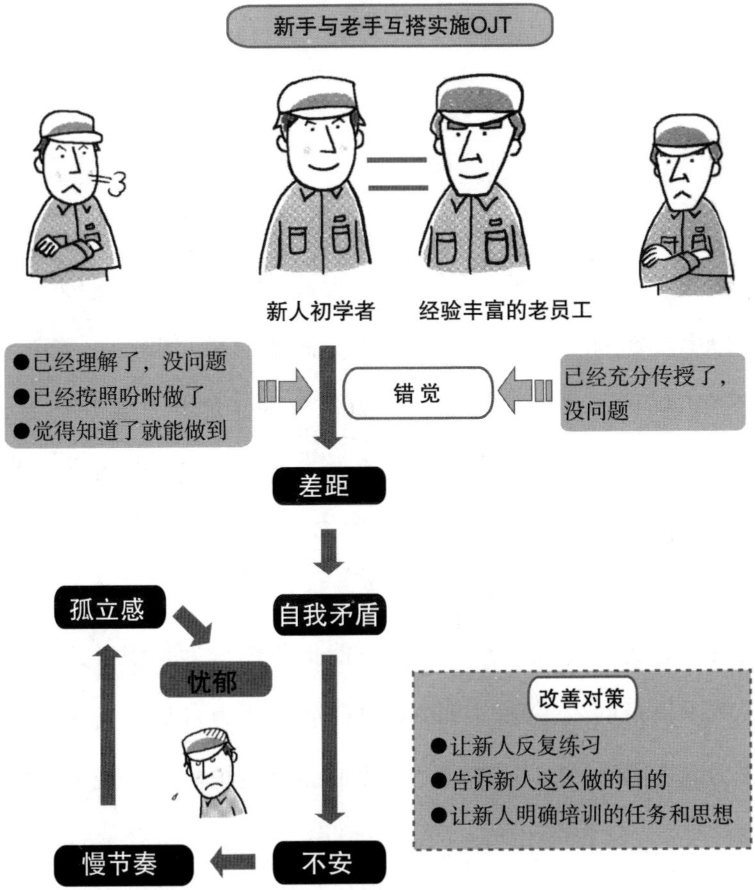

2-9

提案与“虚张声势”机制

职场的氛围直接影响着员工们的心态。工厂如果具有期待进步、享受交流的氛围，就会形成欢迎发言、欢迎创意、鼓励多提案的积极氛围。员工也会自发形成“我会好好干”这样积极的心态，从而强化努力奋斗的正能量，提升动力。这样一来，员工们就会感受到活力，充满创造、改善、勤动脑筋的能量。因此，要提倡员工多多提案。

然而，我们也需要多加注意这种积极的心态。因为只要粗心大意或者一点小马虎就有可能把我们认为是积极的东西发挥出消极的效果来。当过度的自信转变为自负，满足感转变为麻木感时，“虚张声势”的机制就已经悄然地钻进了我们的心里。

即便工厂存在欢迎提案的积极氛围，可如果提案员工一直被人赞许“厉害啊，厉害啊”的话，努力奋斗的热情就容易夭折，从而导致压力大增。要是为了虚张声势便说些与讨论主题无关的议题或话题，同样也会造成压力倍增。因为这种行为不具有真正的自发性，会让努力奋斗的正能量变质成为负面的东西，最后转变成压力。

其实适当的虚张声势，比如说“一定能做到”这样的话是可以的。但是这不能建立在带有嘲笑性质或以自我为中心的机会主义上。其实最初可以积极地回应对方的提案，接下来提案人如果具有“既然说了就要认真做”的意识，心态自然就会朝着积极的方向发展。

虽然努力了，可是却变成了消极的结果

“虚张声势”机制

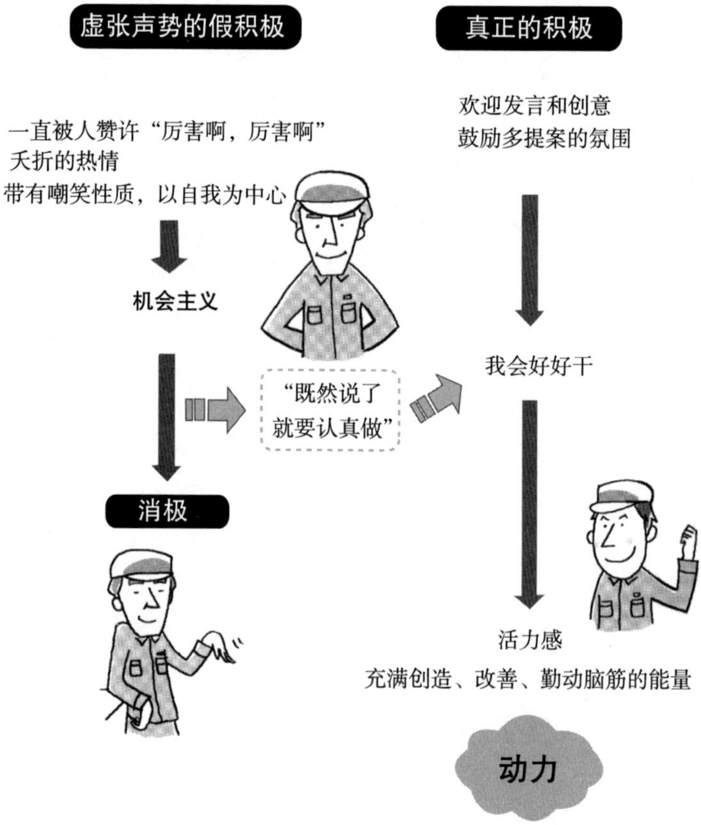

2-10

案例教学与“非创造性”机制

案例教学（Case Study）介绍个案的具体情况及问题，它容易让人联想当时的场景，便于理解和领会。由于案例教学能够提高培训效果，所以工厂方面很愿意多多采用。我们可以从失败案例中发现需要注意的关键点，从而预防发生同样的失误。而成功案例则能引起我们的共鸣，形成良好的刺激作用，激发我们争取成功的正能量。员工培训结束后往往会觉得自己应该也能够做到，于是就会提高动力。同时，我们还能从同行业的成功案例中得到许多启发。另外，可以多通过展示和分享自己公司员工的真实案例来达成更为直接的目的。

学习的关键在于要特别注意别人的各种用心之处。而且还要形成自己的思考，并施加指导和教育。如果没有这一步的话，就只是单纯的模仿而已，便会草草了事。这样不但形成不了问题意识，在实际工作中还有可能想不出最优的方案来。对于没有兴趣的事物是不可能有任何创造力的。无论给予多少启发都会变得消极，而这种消极状态会让压力激增。这样一来，“非创造性”的机制就会被激活。

所以员工要是在没有思考工作的本质目的和意图的情况下，就被上司要求“必须做得和这个一模一样”的话，员工只会感觉到强制感与压迫感。甚至员工还可能产生“因为是他所以才能做到，而我是绝对做不到的。所以就算模仿也没用”这样消极的想法，在与人相比的过程中产生强烈的自卑感。如果员工具有否定他人或者自卑的意识，在这种情况下，案例教学是不会取得成功的。

案例教学中的陷阱

“非创造性”机制

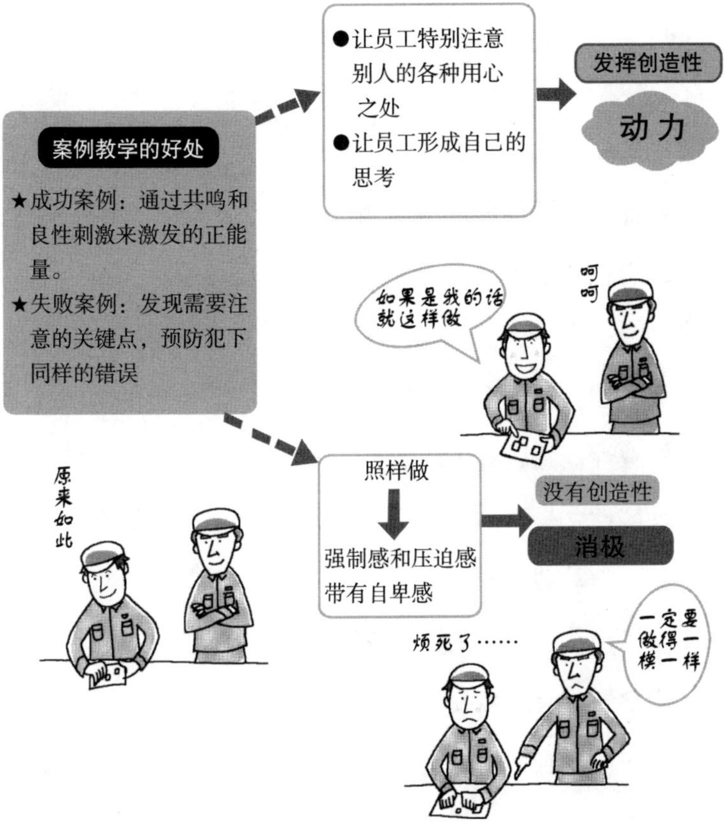

2-11

指导与“个性化”机制

请参照本节后面的耐压度测试表来完成测试。得分越高，就代表综合抗压能力越强。

①持久性：持久力到底如何？

②细致性：到底有多么细心？

③理解性：是否具备信息处理能力以及能否把它转化成动力？

④爆发性：步伐是否轻盈矫健？行动力如何？

⑤主动性：有多强的积极主动性意识？

⑥规律性：有多强的遵守规定意识？

模仿是学习的第一步。成长就是在熟悉模仿内容的基础上，加以自己的创意，创造独特性的过程。因此，通过“模仿与提问”往往能挖掘出工厂的潜力。

在指导新人时，如果经常问他“如果是你会怎么做”，能够促进新人的大脑运转，提高动力。这样一来，“个性化”的机制也就发挥作用了。也就是说，只是单纯地让新人模仿老员工的话，虽然很直接，有效率，但员工内心一点也不轻松。还会在比较中让新人觉得永远也超越不了老员工。所以应该尊重新人的思考方式，调整和统一意图，在考虑提高新人技能熟练度的同时也要尊重其个性，这样才能激发新人的动力。否则导致形成压力源。所以要让新人多多思考，使其具有主人翁意识。

尊重员工的个性从而提高动力

“个性化”机制

耐压度测试

①持久性：持久力到底如何?
②细致性：到底有多么细心?
③理解性：是否具备信息处理能力以及能否把它转化成动力?
④爆发性：步伐是否轻盈矫健?行动力如何?
⑤主动性：有多强的积极主动性意识?
⑥规律性：有多强的遵守规定意识?

模仿与提问

模仿老员工+“如果是你会怎么做?”

↓

尊重新人的思考方式
调整和统一意图
考虑提高技能熟练度
尊重新人的个性

↓

让新人多思考，使其具有主人翁意识

↓

动力

耐压度测试表

关于以下问题，符合情况的请画○，不符合情况的请画×，持中间立场的请画△。请把答案填在 A 栏中。请不要深思，回想日常生活中自身的行为，根据直觉作答。

问　题	A	B
Ⅰ持久性		
①不把工作完成到某一阶段就不会停止		
②对于烦琐细致的工作不会觉得痛苦		
③乐于追究原因		
④常常忘记时间的存在		
⑤喜欢琢磨不同的方法		
Ⅰ①~⑤合计	／	
Ⅱ细致性		
①能根据不同的声响判断机器的状况		
②即便是小事，一旦在意之后就必须解决它		
③在意周围及下属的反应和理解程度		
④在“安全强化月”及其他活动时比平时更小心谨慎		
⑤经常注意饮食平衡		
Ⅱ①~⑤合计	／	
Ⅲ理解性		
①一旦觉得有任何奇怪的地方就会提问、确认到底		
②只要跟工作有关，就算是领域外或责任外的事也会感兴趣		
③无论什么事都希望被赋予自主管理权		
④积极参加专题讨论会及学习会		
⑤应该反复试验，找到最优方案		
Ⅲ①~⑤合计	／	

Ⅳ爆发性		
①发生问题时立即就能采取对策		
②发生紧急情况时能要求各方专家合作		
③关注竞争对手的动向		
④整理成功和失败的案例		
⑤会模仿成功案例先做做看		
Ⅳ①~⑤合计	╱	
Ⅴ主动性		
①会议上肯定会发言		
②会一一报告工作上的大小事		
③常常注意以身作则，起模范带头作用		
④无论在公司还是在家都鼓励文明礼貌		
⑤经常关注公告板		
Ⅴ①~⑤合计	╱	
Ⅵ规律性		
①常常在正式工作前就做好了工作准备		
②会为休息日制订计划		
③工作核查一定按照指导手册上的内容严格执行		
④遵守规则		
⑤安全第一，不认可例外		
Ⅵ①~⑤合计	╱	

【评分标准】

○为2分，△为1分，×为0分。把相应的得分填入B栏中，然后计算出Ⅰ~Ⅵ各分项的得分总和。接着把分数填入下面的六角形，看看平衡程度。

得分越高，就代表综合抗压能力就越强。

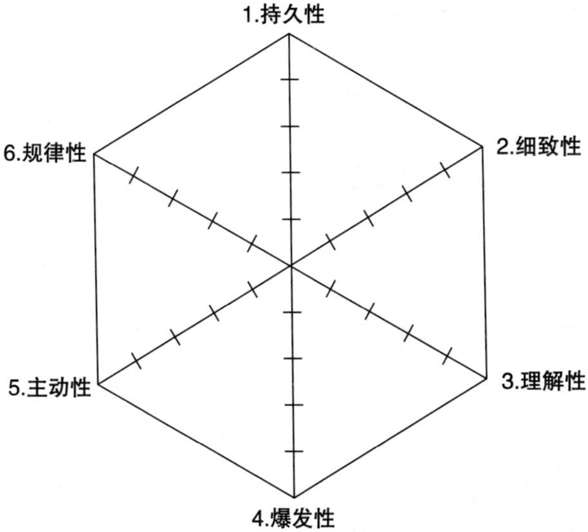
1.持久性
2.细致性
3.理解性
4.爆发性
5.主动性
6.规律性

【专栏】 心理健康维护法②

缓慢呼吸法（腹式呼吸法）

有意识地呼吸不仅能放松身体，还能放松我们的精神。它具有舒缓不安、感受自我、强化注意力、使人乐观、强化判断力等功效。请按照以下的步骤来练习腹式呼吸法。吸气时鼓起腹部。

1. 腹部用力，通过嘴巴或鼻子把空气彻底吐出，闭气数秒。

2. 放松腹部，继续吐气。

3. 放松肩部，扩张胸部，缓慢地大口吸气约7秒钟，然后闭气14秒钟左右。

4. 把注意力集中到腹部，缓慢吐气约7秒钟。

这种呼吸方法随处都能进行。当觉得精神紧张时，请做做看。

第3章

对于新员工的心理维护

3-1

总论：“意识转换的习惯”能产生好结果

意识转换是指当现状发生变化时，能明确地将现在与其他阶段的活动区分开来。也就是要清楚地意识到“开始和结束”。意识到现在是开始工作还是休息，是交班还是准备下班。

如果觉得“每天工作都是一样的”或“我已经非常清楚该怎么做了”的话，这是不行的。如果做事拖拖拉拉，目的不明的话，即便自认为知道怎么去做了，但身心却没能调整到全力以赴的状态。要是老抱怨“又是一样的工作啊”，或“今天心情不爽”的话，那就是向软弱低头了。同时还会产生心理斗争，着急“必须得完成预定的指标”或“要是没有受到表扬的话就不好了”。这就是产生压力的原因。要是转换不了心情或是迟迟不能开始工作，拖拖拉拉的话，工作效率就会低下，失误也会增多，返工还会导致劳动过度。

因此，首先要让新人主动向他人问好，向上司做报告。

并不是自认为问候过了就完事了，而是要在相应的时间按照顺序向人问好。而且还要让新人注意工作服的穿法和整理方法。如果无论什么事都让新人每天按规矩切实做到的话，那么新人就会逐渐养成“意识转换的习惯”。

通过每天按照同样的顺序做同样的事，“意识转换的习惯”就会让员工大脑清楚地意识到“开启或关闭”的状态。当大脑意识到“开启”时，自然而然地就会提起精神来。这样一来，我们的集中力就会大大提高。当集中力提高了，注意力自然也就会跟着提高，于是就能抽出时间来检查。这样不仅能预防受伤，还能取得切实的工作成果。相反，当大脑意识到“关闭”时，大脑就会放松下来。身体也会跟着放松下来，缓解精神高度集中时的紧张，为下次工作充电。

培养新人“意识转换的习惯”，做到张弛有度

意识转换＝清楚意识到“开始和结束”

×

- “又是一样的工作啊……”
- “今天心情不爽……”

↓

- 无法调整心情
- 迟迟不能下决心工作

然而却着急“必须得做啊……”

→ 拖拖拉拉、失误、重做

心理斗争

↓

压力

○

意识转换的习惯

- 明确区分每个阶段
- 具有时间意识提高
- 切实地向他人问好、做报告

↓

大脑形成“开启或关闭”的意识

开启 →

动力

开启提起精神

↓

集中力提高注意力

↓

预防受伤

↓

抽出时间检查

相互交替

关闭 →

放松

关闭放松大脑及身体

↓

舒缓紧张

↓

为下次工作充电

开启　　关闭

3-2

通过 2S 指导来减轻压力

2S 是指整理和整顿（整理的日语发音为“SEIRI”，整顿为“SEITON”）。

●整理就是收拾的意思。要把多余的东西处理掉。特别是工厂里，如果有多余东西就会妨碍到作业，诱发失误，使整条流水作业效率低下，造成不必要的浪费。特别是一些常见的东西就算没有按照规定放在应该放置的地方，员工也不太会意识到有何不妥。甚至发生了异常情况时都还没有注意到。等事故真正发生了才意识到的话，也为时已晚了。所以要是工厂保持井井有条的状态的话，员工的大脑也会变得清醒，便于整体把握工作。这样一来，就可以游刃有余地应对工作。总之，时常整理，打造出安全、整洁的工作环境对于预防产生压力是十分重要的。

●整顿就是指把需要的东西放在合适的地方。要是能做到“去拿零件时，零件就在预想的地方”或“能迅速地把资料取来交给领导”的话，就证明整顿工作做得不错。要指导员工把整理好的东西按顺序及类别放好，让人很快就能取出需要的东西。这样一来，就可以预防拿错东西、漏做工序、或者重复做了同一道工序等失误。当工作效率提高了，压力自然就会减轻。

其实，重要的是要意识到“整理和整顿”是缺一不可的工作。当2S做得不好时，内心就会时常产生不安和焦躁的情绪。只有在安心的状态下，才能提高工作效率。只有做到了必要的东西应有尽有，并且在需要的时候立即就能拿到想到的东西的话，才能让人安心。

做好2S工作，让人放心

2S：整理（SEIRI），整顿（SEITON）

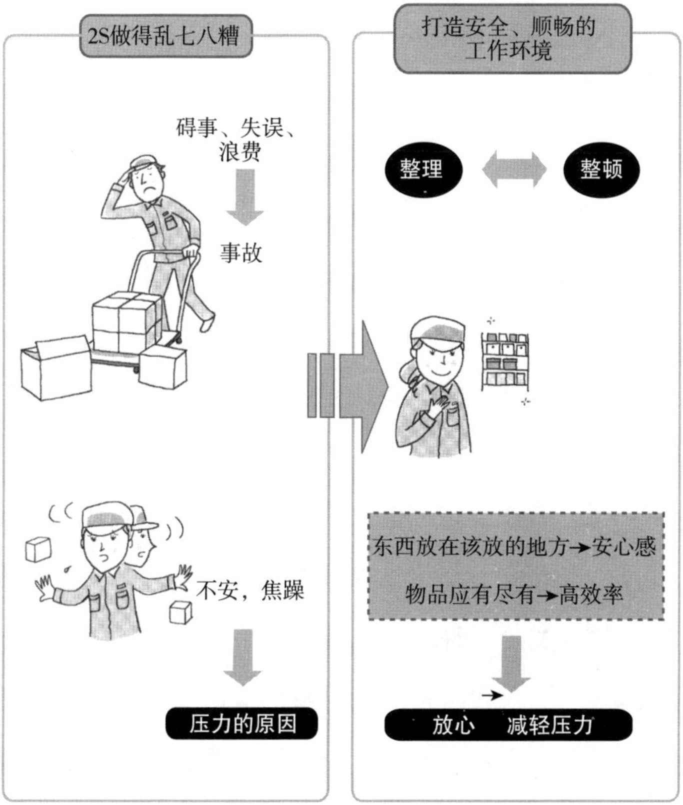

3-3

通过 3S 指导来创造和谐的契机

3S 是指清洁、清扫和素养。（“清洁”的日语发音为“SEIKETSU”，“清扫”为“SEISO”，“素养”为“SHIT-SUKE”）

●清洁是清爽的第一步。应该不会有人讨厌清洁，但往往有人不在乎清洁。当压力大增时，就容易对自身的清洁状况不太在意。虽然会在意他人的评论，却不会认为这跟清洁感有关系。没有清洁感就是眼里没有他人，觉得只要自己舒服就行。这其实是一种过于自我的行为。所以我们应该积极地行动起来，不仅要保持我们自身的清洁，对于桌上及周围的东西、机器、用具、休息室和洗手间等也要时常留意清洁状况。只要能心情良好地工作，压力自然就会减轻。

●清扫是养成感谢心态的第一步。我们自然而然地都会小心地处理干净的东西，而对于肮脏、破损的东西则会随便处理。正因为我们希望和他人进一步地增进和谐，所以就需要具备“清扫”的意识。要让新人对于清洁的物品以及帮助保持清洁的人抱有感谢的心态。这点很重要。清扫可以证明自己努力了，而不清扫则会证明自己很懒。要让新人养成不要依赖他人，当发觉哪里不干净了就自己动手清扫的好习惯。

●素养的保持就是指要培养意识转换。在一个团体里必须留意一些基本事项。同时还要积极地帮助他人。在彼此相互认可的基础上共同去完成一个人解决不了的事。同时还要注意自己的行为不会给他人造成麻烦。这样就能创造出和谐的工作环境。

做好3S工作，创造和谐

3S：清洁（SEIKETSU），清扫（SEISO），素养（SHITSUKE）

清扫

和谐意识

养成感谢心态的第一步
证明自己努力了
不要依赖他人，发觉不干净了就自己动手清扫

清洁

他人意识

清爽的第一步

素养

培养意识转换

彼此相互认可是共同完成一个人解决不了的事的第一步
积极地帮助他人
不给他人造成麻烦

和谐 → **减轻压力**

3–4

通过明确课题来促进自我强化

根据日本厚生劳动省5年一度实施的关于劳动者健康状况的调查显示，回答“对工作和职业生活抱有强烈的不安、烦恼及压力”的劳动者比例在1997年和2002年的两次调查中都超过了六成。并且该比例还在持续攀升中。另外，与最近心理不适人员呈上升趋势成反比，压力年龄层由40多岁向30多岁转移。30多岁的人最强烈地感受到工作量大、对未来不抱希望、工作辛苦并且容易疲劳、在职场心情不轻松等。这些都是产生压力的主要原因。

20多岁人群则算是30多岁人群的预备军了。有些人只要稍微碰到一点困难就会找借口推脱责任，认为“因为自己是新人，所以不知道，也做不到”。这样的员工本身就不会去积极地思考对策。如果不积极思考就会陷入来回兜圈子的恶性循环中，逐渐积蓄压力。当感到失败或能力不足时，就会产生强烈的自卑感。并且还会一直盯着自己的缺点和不好的地方，妄自菲薄。于是就会放弃努力，反复失败，对自己丧失信心。要是随随便便就放弃自我成长，总把原因归咎到他人身上的话，自己也会贬低自身的存在价值。

所以应该让新人首先明确当前的课题。让新人整理课题，找出自己能做的事，并让他们从会做的事开始做起。这样一来，工作热情就会被点燃，从而激发出持久的动力。

明确课题，提起干劲朝着目标奋斗

为了预防心理不适者的出现

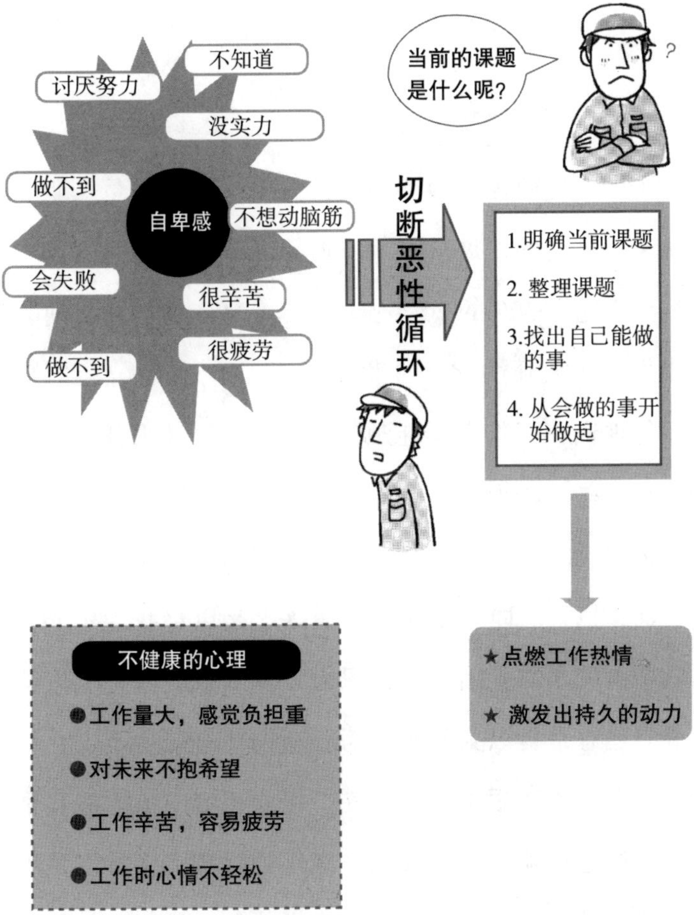

不健康的心理

- 工作量大，感觉负担重
- 对未来不抱希望
- 工作辛苦，容易疲劳
- 工作时心情不轻松

3-5

通过学习指导手册让新人整体把握工作

劳动者有各种各样的烦恼，比如工作的质和量、职场的人际关系、公司的发展前景等。据劳动者健康状况的调查显示，居然有超过30%的20多岁员工担心“工作的质量问题”，这是他们的主要压力之一。我们万万不能对新人感到愤怒，虽然觉得他们在工作上不能独当一面，有时还很狂妄。其实他们对于某些问题抱有强烈的不安感，比如担心“这个工作好吗”“适合自己吗”以及“自己能长期做下去吗”等。

然而，抱有这种想法的新人实际上是以自我为中心，只看得到眼前的事物。因为他们只会意识到眼前被要求做的工作，并且还总是自以为是地思考，所以才会产生不安。如果你坚持的东西其实根本就不存在，比如相信一定能够看到幽灵，就会产生莫须有的不安感。在这种状态下，员工是不可能有所进步的。就算周围的人一直为他加油打气，如果当事人心如死水，那怎么做都没用。

针对这样的新人，解决办法就是让他们切实学习指导手册。从最基本的内容开始学起。无论多么有经验的老员工，都应当回归基本内容，在切实打好基本功之后再考虑实际应用。无论是谁，只要打下扎实的基础，就都能取得一定的进步。所以应该让新人在提高难度前反复练习，从而获得自信。自信有助于预防一定的不安感、自卑感和错觉。这样一来，新人就不会再用狭隘的眼光来看待问题，摈弃“这个工作做成这样就可以了”这种想法，整体把握工作的流程。在掌控全局的基础上完成工作，会增加员工内心的从容，令人积极向前。

打好基本功，增强自信心

为了预防心理不适者的出现

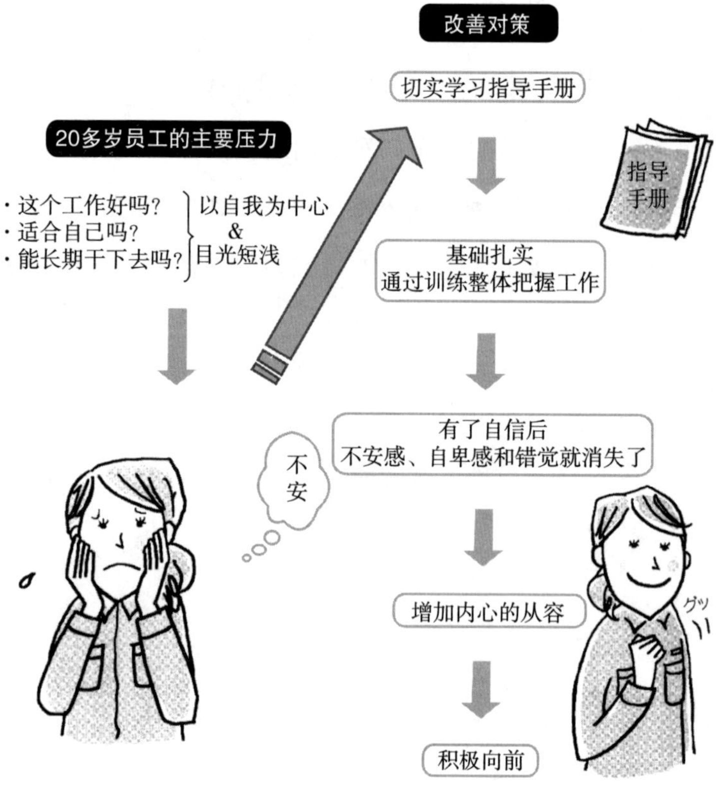

3-6

通过检查工作让新人做好基本工作

新人的特点是就算掌握了知识，也只会做基本工作。实践经验少，具体应用不太娴熟。因此新人往往会觉得“这么做的话不就会失败吗”或“要是把材料全都白白浪费了怎么办啊……”的话，就会在连做都没做的情况下就臆想结果。其实如果不去做，就不可能知道结果。但是新人可能会在原因不明的情况下就总觉得不安，导致无法行动。

在这个世界上，没有什么事情是绝对的。成功人士总是相信自己“能做到”“会成功”。然而大多数人却是连自信都没有，时而不安，时而焦躁。现实生活中是否所有的事最终都有好结果呢？有谁的人生中只有成功却不曾失败呢？其实根据我们的经验之谈，失败是成功之母。因为反省能让我们开动脑筋去思考改善方案。也许眼前的课题对新人来说比较难，而且失败的几率也很高。但是，如果不去挑战的话，是永远得不到成功的。

自信是建立在掌握了基本工作和基础知识之上的。要是在没有掌握基本工作和基础知识的情况下就鲁莽行事，就只会产生不安。而且,“自信源于确认”。反复逐一地认真检查,就会取得切实的成果。积少成多，总有一天才华会像钻石一样发光的。到那时，心中不会有任何的不安、迷惑、遗憾和茫然。有的只是“这是什么啊”“为什么会这样呢”这种对未知的期待以及对于探索发现的热情。因此，要让新人依靠自身扎实的基本功来认真确认工作。请务必让新人切实做好基本工作。

让新人做好基本工作，取得切实的成果

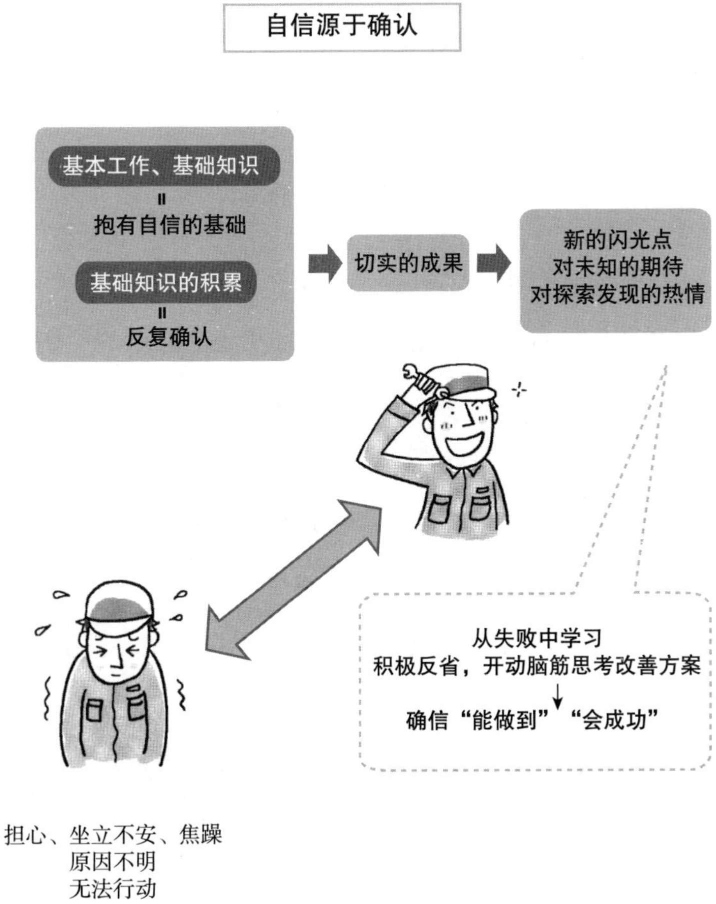

3–7

会议是创造的舞台

会议是我们相互交换意见、相互联络、决策方案以及孕育新想法的舞台。创造的激动与感动能提高我们的工作热情，激发我们的活力。本来应该发挥出如此积极效果的会议为什么会让人产生压力呢？

如果有“本来就够忙了，可还要开会……”或“都是些知道的事，可还要开会说……”这样的想法，就会觉得开会是在浪费时间，容易形成消极的情绪。打个比方，设想我们开紧急事故对策会议。首先全体与会成员应该在短时间内把握事故的前因后果，讨论紧急处理的必要问题点和对应方案，事故相关者的应对以及各项工作的优先度和各自的职责等问题，得出解决方案。接着全体成员统一目标，确认自己的职责，并立即采取行动。如果心中没有疑惑、不信任感以及错误的认识，就不会形成压力。

总之，无论在什么会议上都要清楚地认识到自己的立场以及被分配到的职责，把握问题点及会议的目的。然后积极地参与到会议中去，就能形成动力，不会产生消极的情绪。重要的是信赖自己和同事，不要过分地期待和依赖他人，抱着努力奋斗的心情去开会。问题意识不仅仅适用于开会的场合。即便是固定的生产线，也对日常生产中的状况抱有问题意识，抽出时间来反复调整。应该让新人思考自己的立场，并让他们明白积极的准备和参与意识会孕育出创造性的工作。

让会议变成动力的源泉

积极的准备和参与意识会孕育出创造性

3-8

5W2H 能增强我们对未来的信心

人的思考有时候模糊而凌乱，相互之间毫无关联性，但有时候却能将某一事情整理得非常清楚。如果东想西想的话就会迷茫，对每件事都无法做出决断，让人非常烦恼。一直焦虑“到底怎么办”，虽然看着时间一分一秒地在流逝，可还是下不了决断，于是陷入无法动弹的局面。其实如果能在迷茫中确信光芒的方向，认定那个方向准没错的话，就会获得一定程度的安心感，并能一步一步地摆脱当前的困境。

我们需要把徒劳的热情和焦躁的情绪转变为冷静的思考。让新人客观地把握现状，依据要点分析和整理出最优方案，这会令他们的心情变得豁然开朗。

其实还是那句话，“自信源于确认”。为了防止在检查工作上偷懒，就需要通过 5W2H 来指导具体的行动。5W2H 也就是所谓的什么时候、谁、在哪儿、做什么、为什么要做、怎么做以及做到何种程度这 7 种关键信息。这些都是帮助我们面向未来的重要依据。在5W2H中，不能缺少任何一个元素，否则就不具备客观性了。所以要一一确认所有的事项。

要是切实按照5W2H做的话，那么原本那些消极言论，如“不知道”“不行”等就会转变为“什么信息还不够充足啊”“这边情况明白了，那边情况如何”“为什么会变成这样呢”这样的逻辑思考。明确了下一步行动，对未来也就有了自信。

促进逻辑思考

通过5W2H来确认关键信息

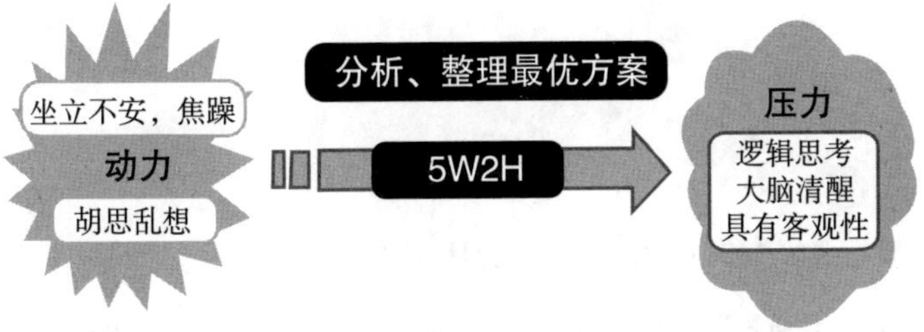

WHEN	什么时候	时间、期间、期限
WHO	谁	人物、对方姓名、担当人
WHERE	在哪儿	地方、会场
WHAT	做什么	内容、目的
WHY	为什么要做	原因
HOW	怎么做	手段、方法
HOW MUCH	做到何种程度	数量、预算、价格

3-9

通过报·联·商来增进人际关系

根据2002年日本劳动者健康状况调查显示，造成压力的各种原因中排第一位的是“职场的人际关系问题”。特别是对于女性而言，“职场的人际关系问题”占据了所有压力原因中的44%。

人们都希望有个良好的工作环境，但现实与想象总是有差距的，因此内心会产生落差。当我们任性自大，放松警惕时，就会产生人际关系问题。没有要去营造良好工作环境的意识，就无法解决这个问题。所以我们首先要解决人际关系中的不信任感、误会和不和。为了和上司、老员工、同事以及新人建立稳固的人际关系，理解报告、联络和商量的作用并付诸实际行动是非常重要的。

通过切实的报告、联络和商量，就能建立起同事间互帮互助的关系。一旦获得了信赖感，就会消除不信任感。要是能明确地认清事实，就不会因为自己对事物随意的价值判断而产生错觉。另外，要是能发现工作的本质，并根据收集到的信息来自我判断应该如何行事的话，就可以防止因为个人喜好的判断导致产生不和的现象，这样就能建立起良好的信赖关系。

●报告：为了让上司能做出更好的判断，需要员工正确、迅速及简要地传达信息。如果负面消息能被及时传递上去的话，领导就可以立即做出适当的指示与命令。

●联络：通过积极联络同事，共享工作上获得的信息，就能培养协作意识，从而建立更加良好的人际关系。

●商量：别总想一个人单独解决问题，可以先和同事商量，一起思考解决方案。

让新人具有营造良好工作环境的意识

报·联·商的根本作用及认识要点

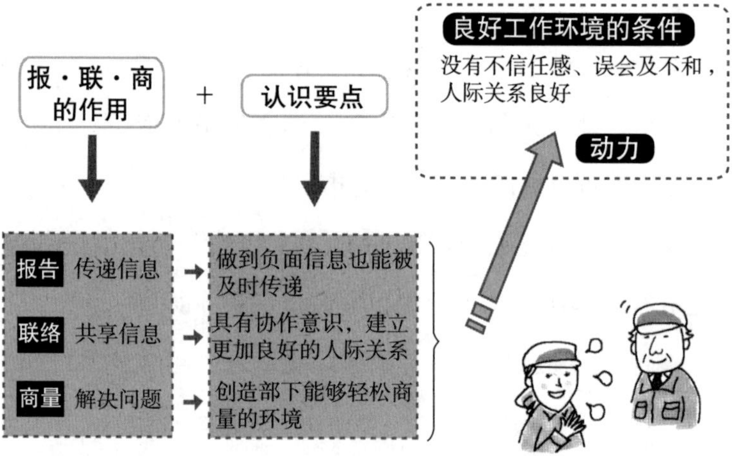

●就职业生活中的压力等原因进行的2002年日本劳动者健康状况调查（厚生劳动省）

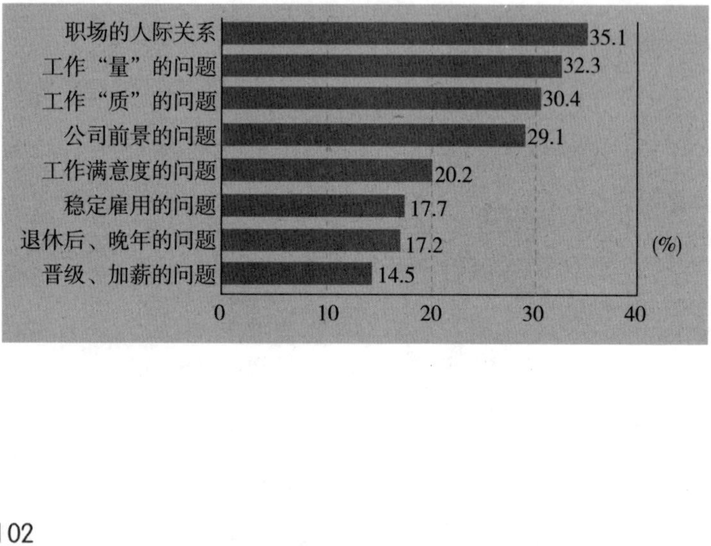

3-10

提醒新人的同时，要促进其正向思考

新人总是被批评。如果没掌握工作顺序及窍门等培训要点，就会被批评。然而频繁的批评会使新人心情低落，很可能导致无法正常工作下去。所以新人在接受批评时不要觉得这是对自我的否定，而是要关心应该注意些什么，哪里出了问题，看清问题的本质。我们应该清楚地意识到正是由于公司所期望的程度和新人实际能做到的水平之间有差距，所以才需要提醒新人不断完善自我。

在提醒、忠告新人时，要务必注意自己的措辞。虽然有时候正因为关系密切才能直言不讳地告诫新人，但是像“你搞什么啊？这样做肯定不行”之类的话肯定是行不通的。重要的是在提醒新人时带着激励的性质，让新人感到些许压力，同时也要肯定新人的努力，关怀新人的成长。还要时常让新人知道大家都期待他的努力和成长，从而让他那颗因批评而受伤的心朝着积极的方向发展。

当我们觉得那是困难时那就是困难，当我们认为那是障碍时那就是障碍。如果新人能觉得每次的困难都是锻炼的场所，是成长的机会的话，就会产生正面的效果。即便看上去是不好的事，也要让新人觉得这是成长的机会。为了提高自身的价值以及存在的意义，我们需要对未来抱有梦想，积极向前地思考，转变我们的意识，变被动为主动。而且还要把自己的短处转变为长处，赋予自己新的价值。这就是所谓的“良性发展”。当我们确信能带来正面效果时，就会从积极的心态转向积极地思考，并积极地尝试。

由积极的“心态”转向积极地“思考”，并积极地“尝试”

提醒、忠告的方式

- 不要不分青红皂白地动怒
- 不要否定他人的人格
- 向新人施加些许压力
- 说些激励和肯定之言
- 关怀新人的成长
- 传达对新人的期待

生气激动地提醒新人“这样是不行的！”

↓

压力

接受提醒、忠告的方式

- 应该注意些什么，哪里出了问题，看清问题的本质
- 不要觉得是困难和障碍，要把它当作是锻炼的场所和成长的机会
- 良性发展

动力

机会来了！

良性发展的要点

- 为了提高自身的价值和存在的意义，要对未来抱有梦想和希望
- 积极向前地思考
- 转变意识，变被动为主动
- 把短处转变为长处
- 赋予自己新的价值

3-11

让新人积极地发现失败的原因

就算掌握了知识，如果没有自我成长的意识的话，也不会通过实践经验的积累把知识转化成智慧，终究还是无法形成实力。新人如果没有自主性的话，无论在什么情况下与实力强劲的老员工及上司相比，都会觉得“自己还差得很远，不行啊”，导致心情闷闷不乐。于是新人越是想努力就越会强烈地感到焦躁和不安，最后就会导致动弹不得，无法付诸于行动。并不是新人没能力，而是一些因素阻碍了新人潜能的发挥。

为了打破这种局面，最有效的方法并不是老员工和上司给新人提供建议。当然建议很重要，也很有效，但最终还是得新人自己去发现失败的原因，自己思考，用自己的方法去解决问题，向问题挑战。如果新人做不到，那就是因为正被诸多心理阻碍因素所影响着，如轻易妥协、自我逃避、自我辩解、依赖心理、怀有偏见及受成见束缚等。这样就不可能抱有积极的心态，甚至连挑战的勇气都拿不出来。

对于他人的工作方法，即便大脑明白了，如果内心不能完全接受的话，还是无法踏出第一步。所以应该以建议为契机，如果新人能自己发现失败原因的话，就会知道下一步该怎么做了。即便再次失败了，如果能根据自己的思考反复调整的话，心态上还是从容的。而且要是能尝试用别的方法做做看的话，内心就会活跃起来。这正是从积极的“心态”转向积极的“思考”，并积极地“尝试”的具体体现。引导新人战胜内心的脆弱，这才是对于新人最佳的心理维护。

让新人具有自主性，促进新人正向发展

积极的“心态”→积极地“思考”→积极地“尝试”的具体体现

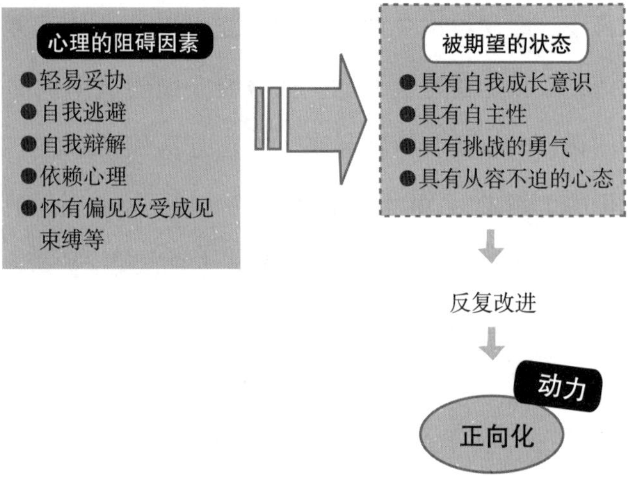

积极的“心态”　积极地“思考”　积极地“尝试”

【专栏】 心理健康维护法③

AT-1（自生训练法的理论和效果）

“自生训练法”（Autogenic Training，简称AT）是一种能通过语言使身体产生某种生理变化的训练方法。它不但能调整我们的身心状态，使我们能充分发挥出实力，还具有提高精力、激发活力的效果。当我们内心热情高涨，充满活力，感到快乐与喜悦时，呼吸就会变得深长，血液循环就会加快。这是一种能让内心变平静、使身体变暖的训练方法。

自生训练法具有以下几种功效。这种训练法在身心内科也被广泛运用。

- 去除肩酸及疲劳感
- 平静心情，去除焦躁
- 强化自制力
- 缓解精神上的痛苦及身体各部位的疼痛
- 增强集中力，提高工作和学习的效率

（实践方法请参照专栏⑤的解说。）

第4章

对于骨干员工的心理维护

4-1

总论：关键是要防止麻木感，并贯彻指导手册的内容和规定

骨干员工处于年轻员工和领导之间的中间地位，经常被夹在两者之间。由于骨干员工可以就指导手册的内容和基本规定对年轻员工进行指导，所以需要具备可被信赖并富有魅力的特质。另一方面，领导会要求骨干员工具备揣测领导意图，做好辅助工作的能力。所以骨干员工需要得到上下级的信赖，并在其中发挥积极的作用。在实际工作中骨干员工自身不但要具备坚强的意志力，还要具备对他人强大的影响力。

然而，实际情况却往往是骨干员工顾及了这边就无法顾及那边，对上下级都显示出立场不明、两边倒的状态。他们常常不得不处于两难的境地中。于是压力就会很容易地找上他们。他们是最容易被压力侵扰的一群人。不管本人有没有察觉，这种“夹缝中求生存”就是他们的现状。

因此，逃避的心理最容易侵占骨干员工的内心。这就会使他们陷入对工作“没兴趣”“麻木”的状态中。“没兴趣”

就是指即便大脑知道怎么做可内心却毫无动力，无论什么都觉得事不关己，表现出无所谓的状态。而“麻木”则是提不起动力来自我思考，觉得直接赞成他人的想法和行动会比较轻松的状态。此外，骨干员工还不希望掀起风波，始终努力维持现状。处于这样的状态中就不可能感到任何自我变革的能量，更别提对周围人群产生积极的影响了。久而久之，骨干员工就会陷入心理不适的状态。

了解侵袭骨干员工的压力机制

夹在年轻员工和领导之间的骨干员工

●立场不明，两边倒

↓

●逃避的心理

↓

麻木的机制

●直接赞成他人的想法和行动比较轻松，于是自己就不思考

●不希望掀起风波，始终努力维持现状

↓

压力

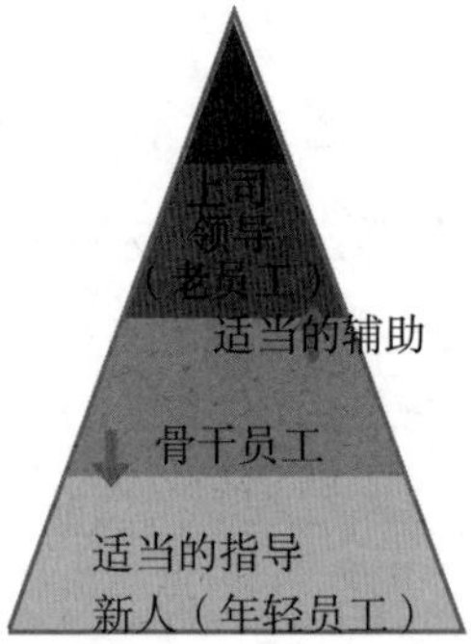

纠葛形成压力

需要发挥的作用

●对于年轻员工

就指导手册和基本规定的内容进行指导，成为一名可被信赖并富有魅力的员工

●对于领导

具备揣测领导意图、做好辅助工作的能力，以及八面玲珑的能力

↓

具有自我变革的能量，以及能对周围人群产生积极影响的正能量

动力

4-2

"认识"与"日常行动"的差异控制

由于骨干员工具备了一定的工作经验，所以在日常工作中不会出现什么失误。但正因如此，骨干员工有可能疏忽大意，当发觉不对劲时却早已深陷泥沼。员工在日常工作时需要意识到"行动力、人际关系、计划性、依赖性和营造工作氛围"这5大要素。对于这5大要素的理解及优先度的认识，可能会因工作要求的标准和重要度产生差异。所以要避免因为疏忽大意而诱发压力。要清楚地意识到这5大要素，并努力维持它们良好的平衡，从而打破现状，促进成长。

压力并不是一无是处。压力理论之父汉斯·塞里（译注：Hans Selye）曾说过："压力是人生的调味品。"他把压力看成是正面的东西。因此，骨干员工需要把"认识"和"日常行动"间的差异所产生的压力转化成动力，为此需要意识到以下5大要素。

- 行动力：要意识到工作速度和当前的任务，提高行动力。

• 人际关系：要常常倾听他人的发言，认可对方的价值观。

• 计划性：通过 5W2H 来确保客观性，不要设定过高或过低的目标，制订计划的目标比实际能力略高即可。

• 依赖性：不要把工作全都揽到自己身上，适当地把部分工作委派给年轻员工。要有一颗信赖他人的心。

• 工作氛围：要理解个人的行动会受到环境的影响，所以无论什么情况下都要保持绝不放弃，积极向前的心态。要努力营造出相互尊重、轻松愉悦的工作氛围。此外，还要创造允许员工不断挑战，没有不和、不信任、误解和错觉的工作环境。

让骨干员工正面看待压力

控制日常行动的差异

正面化 **动力**

不自觉

↓

诱发 **压力**

↓

陷入麻木的状态

努力保持5大要素良好的平衡

行动力

要意识到工作速度和当前的任务，提高行动力

人际关系

要常常倾听他人的发言，认可对方的价值观

计划性

通过5W2H来确保客观性，制订计划的目标比实际能力略高即可

依赖性

不要把工作全都揽到自己身上，适当地把部分工作委派给年轻员工

工作氛围

无论什么情况下都要保持绝不放弃，积极向前的心态。努力营造出相互尊重、轻松愉悦的工作氛围

4-3

减轻因产品质量责任产生的压力

为了努力保证产品的良好品质，工厂责任重大。因为一旦产品出现一点小问题，不光是处理好顾客的投诉就能了事的。很可能还会导致企业回收产品，被要求说明原因，甚至被追究法律责任。所以工厂必须从原料、生产系统、机器的管理维护等所有方面进行考虑。

由于骨干员工承担着一定的责任，所以容易堆积压力。因此，需要设法让骨干员工减轻压力，不被压力打垮。

减压的秘诀其实就是以下这 3 点要素：①快乐地“努力”，②可喜的“结果”，③美味的“零食”。

①快乐地“努力”：如果身处自我价值及成长能被认可的环境中，就算工作再辛苦也会感到快乐。这样一来就不会逃避困难，而是迎难而上。通过相互认可、相互激励、持续努力，就能营造出愉悦的工作氛围，从而提高工作积极性。

②可喜的“结果”：如果对于某一事物麻木了，抱着没兴

趣、没激情的心态一直盯着它看，就不会有任何新的发现。相反，对于自己不熟悉的事物只要稍看一下，就能发现与之前有所不同。因此，积极的心态能创造出诸多欢乐，也会带来欢喜的结果。

③美味的“零食”：当人疲劳时就会想吃甜食，所以需要留点时间来享受美味。如果在工作中有点时间来享受美食的话，就可以放松心情，从而提高集中力。所以偶尔吃点零食有助于员工缓解压力。

积极实践减压3要素

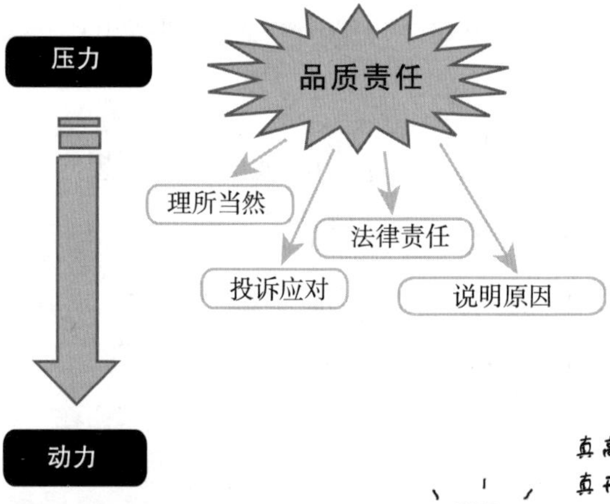

减压3要素

①快乐地“努力”

相互认可、相互激励、持续努力，就能营造出愉悦的工作氛围

②可喜的“结果”

主动发现与过去的不同之处。抱有积极的心态

③美味的“零食”

抽点时间来享受美味。通过放松心情来提高集中力。有助于缓解压力

4-4

通过日常模拟训练提高问题应对能力

即使每天都认真确认和检查了，也还是会发生意想不到的问题和故障。一旦发生，就必须迅速应对。如果面对状况惊慌失措的话，不仅对现状毫无帮助，还会影响到周围的人。此时，哪怕是有一点惊慌都会在无意中形成消极的状态。这种恐慌感和消极的情绪会产生巨大的压力。要是压力原因不明的话，当事人就会胡乱地攻击周围的人。

为了防止出现以上的状况，务必要保持冷静与安定，这样才能确认事实，看清缘由，判断具体行动。无论负面倾向多么严重，只要存在一点正能量的话，消极的情绪就会有所减轻。

所以有必要制订意外情况应急指南，并模拟训练应对方法。“有过相似的体验”和“第一次实际处理”的感觉是完全不一样的。通过模拟体验解决方法就能提高应对能力和抵抗能力。平常的模拟实践不仅让人安心，还能让工厂快速恢复正常。

模拟解决问题的顺序应该按照以下 5 个步骤来进行。

①确认本来的状况（样子）

②为恢复本来的状况整理必要的条件

③确定如何着手恢复原状

④设想不作为的消极后果

⑤设想做成后的积极成果

通过模拟训练来锻炼应对力和抵抗力

模拟训练

练习

不慌不忙
平心静气

- 能确认事实
- 能看清缘由
- 能判断具体行动

模拟解决问题的顺序

① 确认本来的状况（样子）

② 为恢复本来的状况整理必要的条件

③ 确定如何着手恢复原状

④ 设想不作为的消极后果

⑤ 设想做成后的积极成果

不练习

惊慌
↓
恐惧感
↓
消极情绪

攻击　攻击

压力

4-5

锻炼洞察力及问题预警能力

一直观望是永远解决不了问题的。关键是要综合运用知识、经验和技能来全面分析问题。说不定什么时候灵光一闪，就发现了解决问题的突破口。即便问题看上去很难，也需要骨干员工具备和领导同样的能力来应对。如果畏惧困难的话，身体与头脑就会紧张起来，从而诱发压力。所以领导要指导骨干员工从何处入手解决问题。而关键就是要具备洞察力和问题预警能力。

●洞察力是指发现原因与结果之间关系的能力。要逐一整理细节，弄清问题缘由，然后一步步地深入挖掘，反复思考，直到找出问题的本质。不要让员工面对混乱的局面感到紧张，而是要指导员工带着目的有针对性地思考。对于想到的内容发挥想象力加以升华，这样就能激发解决问题的创造力。

●问题预警能力是指理解问题形成的机制，预测可能造成的消极结果，能够整体把握全局的能力。虽说“失败是成功之母”，但也不能总是重复同样的错误。关键是要学会防微杜渐。当感到“有可能引发事故”或“这里感觉很危险，要注意”时，就不能疏忽任何事故的“征兆”。不仅要做好局部的检查工作，还要让员工具有整体意识，全面地进行检查。这样一来就能动员员工的思考、经验、知识和智慧，对问题形成防范意识，并做好防范准备。

为预警行动锻炼必要的洞察力和问题预警能力

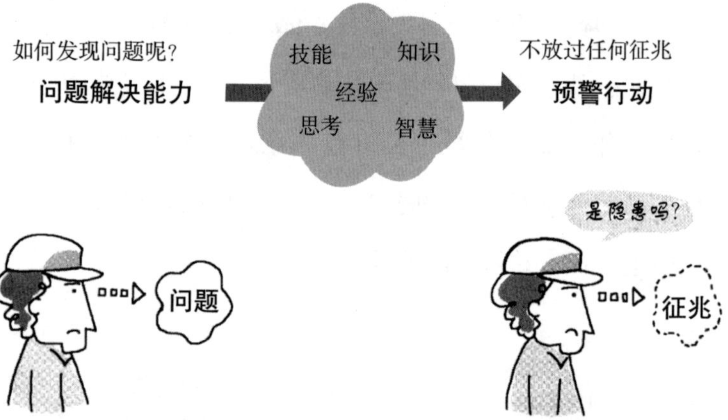

对骨干员工提高问题应对能力的指导要点

洞 察 力

- 发现原因与结果之间关系的能力
- 一步步地深入挖掘问题
- 反复思考，直到找出问题的本质
- 带着目的有针对性地思考，发挥想象力
- 激发解决问题的创造力

问题预警能力

- 了解造成消极结果的机制
- 把握全局的能力
- 能前思后想，全面把握问题
- 防微杜渐，不忽略任何事故“征兆”
- 不仅要做好局部检查，还要具有整体意识
- 总动员自己的思考、经验、知识和智慧
- 对问题形成防范意识，做好防范措施

4-6

促进“公平的工作”

领导的作用就是要带动整个团队，如果认为骨干员工就不需要发挥领导作用的话，那就大错特错了。骨干员工需要发挥领导作用来调整小组成员的工作，使团队方向一致。由于骨干员工比领导更接近组员，所以如果骨干员工能发挥上下沟通的纽带作用的话，就能形成良好的团队协作。为了让团队发挥出最佳水平，骨干员工需要常常思考如何才能让组员人尽其才。

为达成此目标，骨干员工必须和组员建立深厚的感情。要让骨干员工在与组员的接触过程中做到面面俱到，保持良好的平衡。这样还能起到平衡压力的作用。骨干员工虽然承受的压力最大，但由于其良好的心理平衡机制，不但不会被压力所压倒，还能把压力转化成动力。

为了能被组员所崇拜、信赖和尊敬，骨干员工一定要做到处事不偏不倚、一视同仁。首先，要指导骨干员工用相同的问候方式向每位组员问好。这样一来就能激发组员的工作热情。由于组员个性不同，对于公平的标准就会有差异，所以骨干员工要尽量做到一致（包括打招呼的次数、联络和确认的次数都要统一），不要让人觉得骨干员工有所偏袒，造成误会。另外，在具体工作接触中则可以采取个别应对的方式来弥补。这些就是处事的基本原则，要指导骨干员工努力提高自我贡献度。为了让骨干员工充满活力，就要让其充分发挥领导作用。

建立深厚的人际关系

尖端技术 → 人与人的相互接触

不让其成为压力

活力、热情

骨干员工的领导作用

让骨干员工充满活力

↓

调整组员的工作

↓

做到人尽其才

↓

让成员感到公平

公平的工作

对于全体成员

量的方面

- 打招呼的次数一致
- 联络和确认的次数一致

质的方面

- 如何深入对待组员
  可采取个别应对来弥补

4-7

让行动真正地走心

让员工充满活力并不是一件简单的事。要是强迫骨干员工硬装出一副活力十足的样子，反而会适得其反，让人倍感压力。所以要给骨干员工充分的空间。可以告诉他们："刚开始可以不用投入真情实感。总之先尽力表现出活力十足的样子就可以了。当反复练习，习惯成自然后，你就会假戏真做了。"

"欺骗大脑"其实也是一种技能。也许"欺骗"这个词会让人听上去感觉不好，但实际上我们的大脑是无法区分幻想和现实的。因为大脑对幻想和现实产生的反应可以是一样的。

悲伤就会流泪，你肯定也哭过。也许我们会认为是因为太悲伤了所以才流泪的。其实有种心理学理论叫"面部反馈假设"（译注：Facial Feedback Hypothesis，简称 FFH）。这种理论认为悲伤的情绪是因为受到流泪这种生理反应的刺激才产生的。也就是说，并不是因为悲伤才引起流泪，而是因为流泪产生了悲伤的情绪，反过来刺激人号啕大哭。

要是觉得“内心不想做的事怎么可能做得成啊”，就不去尝试的话，那就只好原地不动了。其实这就是后退的表现。相反，如果勇于去尝试的话状况就会大不一样。也许硬装出笑脸刚开始会让人觉得很奇怪，但这也比面无表情好。只要反复装出笑脸后，久而久之就会渐渐习惯这种表情。所以试着让你的嘴角上扬，眉间舒展吧。这么一做，你是不是也感到心情轻松些了？

给予员工充分的空间，让他们试着做做看

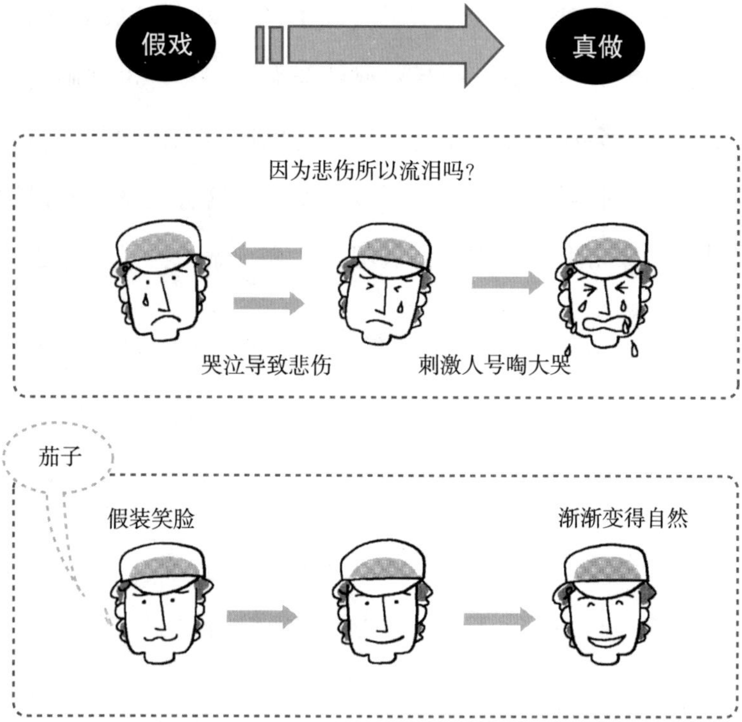

◎ 即便心里没反应，也要试着做做看

× 什么都不做的话停滞→后退

◎ 大脑对于幻想和现实所起的反应可以是一样的

◎ 即使最初有些奇怪，随后就会渐渐习惯

4-8

培养骨干员工具备领导的稳重感

骨干员工作为领导的预备军，要让他们树立当领导的意识。所以就需要培养他们具备领导的稳重感。要是因为小小的失败就情绪低落，或对于别人的传闻大喜大悲，甚至尽是被人利用摆布的话，内心就无法安定下来。这样的人就不具备当领导的能力和品格。人的价值观是多种多样的，但如果能积极地看待所有事物并朝着积极的方向发展的话，就不会产生负面情绪，为培养稳重的性格创造了条件。人要是只看到消极的事物，心情就会萎靡不振。反之，只看到积极的事物的话，就会忽视消极的事物。所以就需要正确看待消极的事物，把负面情绪转变成正面能量。

当设想消极情况，或回想过去的倒霉情况时，要学会逆向思维。可以从正面的角度说些鼓励之言来安慰自己。比如私家车要是不巧爆胎了，大家都会觉得很倒霉。如果觉得“爆胎了又要花钱去换胎，又不得不去挤电车，包包好重”的话，就会接连不断地产生不满的情绪。其实，完全可以从积极的角度来看待这件事，比如觉得“爆胎了就能解决日常运动不足的问题。坐电车还能看看窗外不同的风景，观察乘客们的行为。而且也可以放心大胆地喝上一杯再回家了”。

另外，在处理负面情绪及反应时，可以让员工通过自问自答的方式来寻找真实的答案。比如自问自答“这件事真的会对我和他人造成危害吗”“实际上什么才是消极的呢”“不就是一时闹情绪吗”“会有谁在什么时候、什么地方、受到怎样的伤害，并且持续多久呢”等。

让骨干员工树立当领导的意识

乐观为培养稳重的性格创造了条件

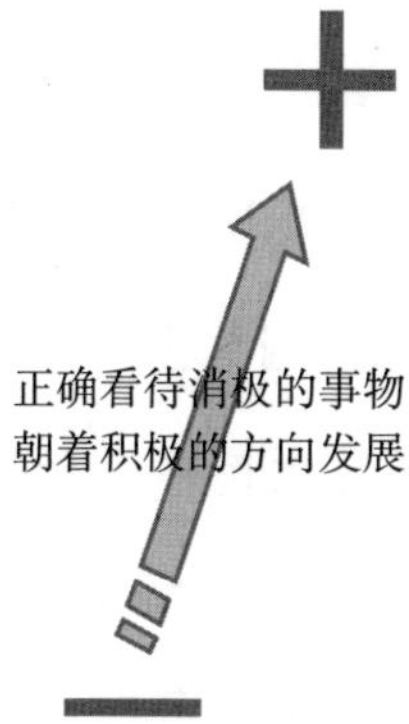

乐观化的实践办法

①逆向思维法：转化为正面思考

当设想消极情况时，或回想过去的倒霉情况时，例如，要是私家车爆胎了……

消极 “要花钱去换胎”
“不得不去挤电车”
“包包好重”

积极 “解决日常运动不足的问题”
“坐电车能看看窗外不同的风景”
“不仅可以观察乘客们的行为，还可以放心大胆地喝上一杯再回家”

②自问自答法：寻找真实的答案

“这件事真的会对我和他人造成危害吗？”
“实际上什么才是消极的呢？”
“不就是一时闹情绪吗？”
“会有谁在什么时候、什么地方、受到怎样的伤害，并且持续多久呢？”

4-9

传授骨干员工用人之道，指导年轻员工拥有“从容的心态”

所有工厂都在强调不要硬干、不要徒劳以及不要变化无常的“三不主义”。为了提高工作效率就必须谨记“三不主义”。对于机器的运转环境和系统而言，虽然无论多么严格的要求都无可厚非，但是同时也要具有灵活性，以人为本。这就是所谓“从容的心态”。“从容的心态”就是指可以从容地看待工作中的徒劳。就算工作中出现了徒劳，大家也不会觉得有压力，能从容看待。

其实只要时不时地抽出几分钟来稍微放松放松，工作效率就会大大提高。比如喝杯茶能让心情放松下来，吃点零食可以恢复动力，提高集中力。如果在打电话或开会时尽讲工作上的正事的话，就会让人觉得枯燥无味。所以在这种场合可以时不时地讲点题外话，让双方有所沟通，比如谈谈天气或个人的近况，说些自己关心的事等。但如果讲个不停的话，也会让人觉得听到的全都是废话，产生排斥感，觉得毫无意思。

人都希望被人肯定自我价值和存在的意义。所以哪怕是工作上一点小成果也好，如果能被上级肯定并表扬的话，员工就会十分喜悦。这种喜悦可以激发出工作的热情。要是员工能感到“领导一直在关照我，肯定我的工作”的话，即使是在没人监督的情况下也会认真工作。如果再让员工具有“从容的心态”的话，那么也就意味着认可并尊重员工的个性。所以骨干员工要思考如何发扬年轻员工的个性，让他们快乐地工作，这样才能取得积极的成果。

从容地看待工作中的徒劳

从容的心态=灵活性

徒劳 → 从容

创造从容的心态

指导部下的要点

- 喝杯茶放松心情
- 吃点零食恢复动力 → 提高集中力
- 在打电话或开会时
时不时地讲点题外话，谈谈天气或个人的近况，有利用增进相互的沟通
- 肯定并表扬员工工作上初步的成果

↓

认可并尊重
员工的个性

↓

发扬员工的个性，
让他们快乐地工作的话，
就能取得积极的成果

4-10

引导骨干员工从发挥“传递职能”转向发挥“实践职能”

不要让骨干员工因为觉得夹在上下级之间就倍感压力，而是要让他们正确认识到自己的作用。然而，骨干员工是否只用扮演好“传递角色”，做好联系上下级的工作就可以了呢？答案是否定的。骨干员工需要发挥更大的作用，不仅仅只是从上到下、从左到右地相互传达信息而已。

要让骨干员工充分发挥“实践职能”。“实践职能”能让新人、老员工、上司以及自身都得到提高。“实践职能”需要员工在重视基本、贯彻基础方法的基础上提供信息，提出改善方案。这就不仅仅只是传达信息而已，而是要把工作对自我的需求积极地实践出来。如果具备这种意识的话，就不会把自己的职责当成是负担，认识到“实践职能”的价值后内心就会充满活力。这是因为员工发现自己工作的价值后，觉得自己的存在是有意义的。另外，员工本人也会对于他人对自我的肯定感到满足。

要是骨干员工自己承担了难度过重的课题时，就需要向上级报告，召集其他成员来一共完成。与其一个人左思右想，单独行动，不如听听其他人的建议。正所谓“三个臭皮匠，胜过一个诸葛亮”。接受上级、老员工及同事的建议是十分重要的。接下来，就从能做的工作开始着手吧。

让骨干员工发挥“实践职能”，促进提高

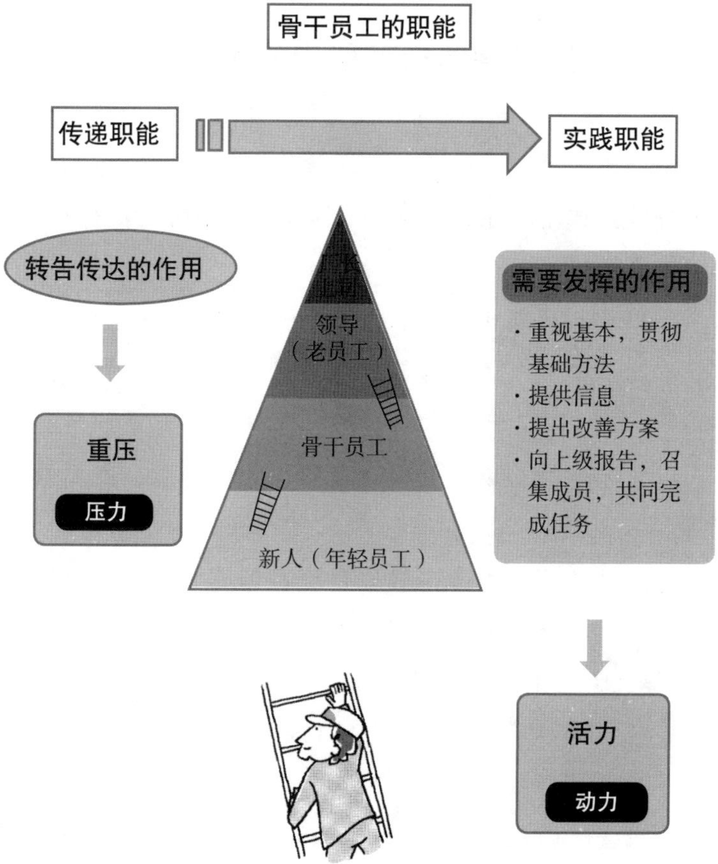

【专栏】心理健康维护法④

握松拳体操（肌肉松弛法）

“握松拳体操”对于因压力的堆积而造成的肌肉酸疼有明显的效果。这是一种通过交替紧张和放松肌肉来释放身体里多余的能量，让身体在短时间内彻底放松的方法。

1. 仰卧平躺或坐立于椅子上开始调整呼吸。
2. 大口吸气，当肺部吸入八成满的空气时停止吸气，然后迅速向身体各部位发力。此时伸展胳膊，紧握双拳，咬紧牙根，收紧臀部，并绷紧双腿。
3. 保持双手用力，然后带动肩部往上举。保持这个姿势全身用力，并持续10秒钟。
4. 瞬间释放全身的力气。手掌打开，双脚放松，人会感觉全身一点力气都没有。通过5~10次的腹式呼吸来调整气息。

以上步骤重复3次，此为一组练习。做完后全身的肌肉就能得到很好的放松。

第5章

对于现场领导的心理维护

5-1

总论：关键是要解决责任和权限间的矛盾

现场领导需要把厂长及上级的指示和命令付诸于实践，承担具体执行的责任。此外，有时还需要承担对外的责任。因此现场领导需要肩负对内和对外两方面的责任。当然，站在公司的立场对外处理问题和对内应对下级的方式肯定会有所差异。总之，现场领导需要比骨干员工肩负更多的职责，因此会时常感到压力。虽然现场领导不具有和上司同等的权利，但也需要做出与上司差不多的成果。有时还会被委任为代理上司，所以需要以身作则，做出榜样。

如果现场领导觉得自身承担的责任远大于被赋予的权利，就会产生压力。所以公司应该尽量让现场领导的权利与责任相符。上级应该把能下放的权利都委任给现场领导，这样都能起到激励现场领导的作用。现场领导如果感受到自己被公司所期待着，把责任当成正面的刺激因素的话，就会提高动力。

公司要让现场领导发挥模范带头的作用，只有这样才能激发出他大胆改革的勇气。现场领导切不可骄傲自大、一意孤行，也不能用歪理和偏见来处理问题，更不能只想着未来而忽视当前的工作。而是应该在肯定当前成果的同时逐步改革，切实发挥作用。不要让现场领导觉得是被强迫着工作，而是要让他把自己的想法积极地付诸于实践。虽然现场领导需要在摸索中前行，是最先知晓前方困难的人，但同时也是最先获得对开创未知世界的期待感的人，以及最先体会到达成目标的喜悦的人。

让现场领导以身作则，鼓起改革的勇气

责任> 现在的权利 ➡ 尽量做到责任 = 权利

现场领导的职责

- 对外的职责及对内的应对
- 做出同上司相当的成果
- 代理上司，以身作则

压力　　　　动力

需要发挥的作用

- 发挥模范带头作用
- 在肯定当前成果的基础上进行改革

×内外交杂的重压
×责任与权利的平衡

○ 意识到被公司所期待着
○ 意识到需要肩负的责任

5-2

“上司”与“领导”的区别

上司和领导的区别就在于“权利的有无”。现场领导在接受上司的指示执行工作时，还得常常考虑有没有权利去执行。但实际上现场领导所执行的工作和肩负的责任都与工作现场密切相关，甚至有时候比上司还要有智慧，更加辛苦。因此就容易产生现场领导特有的复杂心理，比如对于只会把公司的目标强加给别人却对现场情况一无所知的上司感到愤慨。如果相互间产生了摩擦，别说减压了，上司只会一个劲地逼迫现场领导。

因此，公司需要明确哪些权利能下放，并向现场领导交代需要努力的工作范围，不要让现场领导产生左右为难的心理。此外，上司有上司的立场，而现场领导也有自己的职责，所以上司要找机会让现场领导常常汇报现场情况，并犒劳现场领导的辛苦工作。有一个能倾诉的对象，就算解决不了问题，也会觉得有人理解自己的立场，认可自己的价值和存在的意义。这样就能营造出稳定的工作氛围。

现场领导具体要以 SQCDS 为目标而努力。

S：速度（应对速度，恰当的时机）Q：质量（品质，检查体制）C：成本（经费，价格意识）D：交货（交货期，配送）S：服务（与其他部门的协作）

最后，上司也需要承担一定的工作，不要让现场领导承受过重的工作负担。

以SQCDS为目标，不要让现场领导承受过重的负担

上司与现场领导的摩擦 ⇒ 找机会认可现场领导的工作

没职权的现场领导

× 过重的负担

左右为难

压力

现场领导的具体努力

S：速度
（应对速度，恰当的时机）
Q：质量
（品质，检查体制）
C：成本
（经费，价格意识）
D：交货
（交货期，配送）
S：服务
（与其他部门的协作）

拥有职权的上司

◎理解现场领导的立场
◎经常听取现场领导的报告
◎犒劳现场领导的努力

稳定性

动力

5-3

核查工作协作性

情绪低落的 Y 氏心想：要是在顾客投诉前都没有发现样品的尺寸存在问题，那真是太难堪了。这样一来肯定会让顾客质疑工厂的实力。同时还会被上司和下级瞧不起，真是失职啊。搞不好还会被解雇。

Y 氏就是这样一种人，责任心强，无论什么活都会往自己身上揽，而且性格还很认真。所以他就不可能轻松觉得“正是因为加班疲劳才造成失误的，所以有必要休息一下”。像 Y 氏这样能把一个失误无限放大化，甚至连被解雇的可能性都想到了，这就说明了他陷入了消极的思考。

如果压力不断堆积，内心的从容就会消失，于是就容易引发心理疾病及造成事故（工伤）。现场领导可能已不知不觉就患上了轻度的忧郁症，有时甚至连本人和身边人都没意识到。心理健康维护还是要以预防为主。首先，要根据上司所营造出的氛围来创造出期望的工厂文化（环境）。这样就能带动上下级齐心工作。

要是能认可以下几种工厂文化的话，员工就会受到整个工厂氛围的影响，从而控制自己思考方式上的习惯，不会往消极方面想问题。

①相互交流：能轻松说话、倾诉的环境

②感到公平：评价标准公正明确，能让人接受的环境

③勇于尝试新方法：允许反复试验，并定期举行研究发表会及学习会的环境

④虽然一个人能独立完成，但同事会相互帮助：形成良性竞争意识，营造相互鼓励的环境

⑤无论什么工作都能乐在其中：没有被强迫工作的意识，能主动地迎接工作的环境

提高工作协作性，预防心理不适

测试工作协作性

作为上司，看看你的工厂环境是否存在以下情况。请在符合情况的选项方框前打钩。

□基本上没有能轻松说话、倾诉的环境。（相互交流的文化）

□评价的标准不明确，不公正，基本上不能让人接受。（公平的文化）

□不允许反复试验，也没有能积极参加研究发表会及学习会的氛围。（勇于挑战的文化）

□不存在具有良性竞争意识和相互激励的氛围。（相互帮助的文化）

□具有被强迫工作的强烈意识，没有主动工作的氛围。（享受工作的文化）

重点！ 让上司营造出的氛围成为工厂的文化

压力 还是 **动力** 你的作答有几个项目打钩了？

工作协作性测试结果

打钩数为0：工作协作性高，拥有能预防心理不适的良好环境。请继续保持。

打钩数为1～3：请着手改善打了钩的项目。请考虑是通过上司的权限来执行，还是通过和现场领导商量来解决问题等。

打钩数为4～5：首先要确认是否存在心理不适的现场领导和部下。接着考虑改善项目的优先顺序，并立即开始着手改善。

5-4

让现场领导意识到 5 大动力

有人说这是个充斥着各种压力的时代，所以没有谁可以侥幸不受到一点压力。但这并非“忧郁”的时代。为了营造出高抗压的环境，上司需要指导现场领导提高自身的动力。现场领导如果能逐一意识到以下 5 大动力，就能消除易妥协、易放弃、易狡辩的习惯。并且获得周围员工的信赖。骨干员工及新人看着现场领导努力工作的姿态就会受到激励，从而形成相互协作的意识。

①势必达成目标的意识：抱有一定要达成目标的意识。达成 99%的目标就代表后退，而实现 100%的目标也只是维持现状而已。要让现场领导以 101%主义为目标，努力创造出“+1%”的价值。

②自我启发：抱有自我成长的意识。要给现场领导提供学习知识和技能的机会，让他能在工作中的某个特定领域具有一技之长。积极努力的心态会让人朝着正面的方向发展，

获得自信。

③持久力：有毅力坚持到最后的意识。并非一个人孤军奋战到底，而是通过团队的力量相互帮助。要让现场领导思考如何才能带动成员发挥团队的力量。

④行动力：具有独自行动的意识。并非盲目行事，而是要参照 5W2H 来指导行动。上司要指导现场领导将本人的行动计划与公司的方针相一致。

⑤表现力：努力发挥出自己最佳水平的意识。重视发扬员工的长处，让员工发挥出最佳水平。

提高现场领导自身的动力

营造抗压环境的5大要素

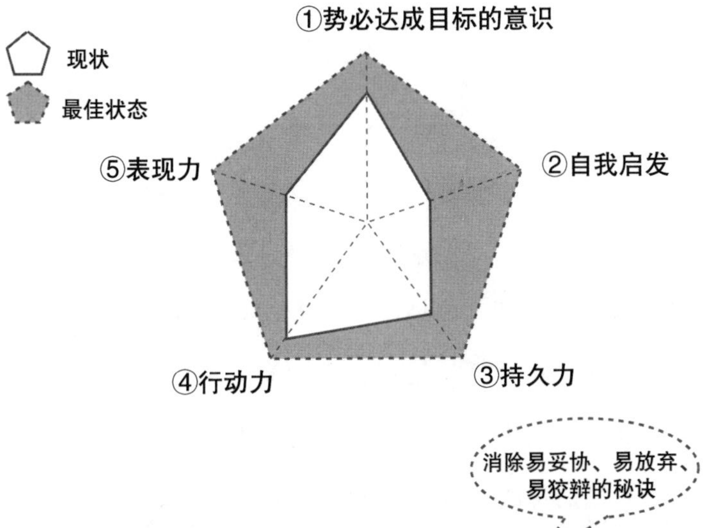

让现场领导具备这5大要素

①势必达成目标的意识：抱有一定要达成目标的意识。以101%为目标。

②自我启发：抱有自我成长的意识。拥有一技之长。

③持久力：有毅力坚持到最后的意识。通过团队的力量相互帮助。

④行动力：具有独自行动的意识。5W2H的计划性。让现场领导 的个人行动计划与公司的方针相一致。

⑤表现力：努力发挥出自己最佳水平的意识。重视发扬长处。

5-5

促进自我管理

虽然在交货期逼近时忙于处理重要客户的投诉等情况会造成相当程度的压力，但这不会直接导致心理不适。如果现场领导知道如何处理这些情况，并能在自我管理的同时圆满地处理好顾客投诉的话，就不会产生问题。对于这样干劲十足的现场领导，首先应该为他提供自由发挥的空间，让他有机会实践自己的想法。不要让他被公司的方针及权限所束缚，应该尽量给予他机会让他灵活利用。其次，要让他经常汇报进展状况。还要与他详谈，给予适当的建议。像这样允许员工发挥创造性才能的工厂文化是十分重要的。上司需要完善管理环境，常常关注现场领导的具体行动。

另一方面，即便完善了环境，如果现场领导承受不住压力，出现心理不适时，会表现为以下几种情形。上司要经常关注现场领导的各种表现，把握好他是否能做好自我管理。

①工作能力低下：效率变差、失误及浪费增多、左顾右

盼迟迟不能开始行动等

②工作态度恶化：态度不冷静、焦躁、迟到、早退、请假的情况变多等

③人际关系问题增多：开始介意别人的言行；变得不想跟人打招呼；孤立；因为一些小事不满；和同事产生摩擦等。

给予现场领导机会，让他灵活利用

－　压力　＋

不能自我管理的环境 → 压力

能自我管理的环境 → 动力

压力 or 动力

心理不适的征兆

①工作能力低下：效率变差、失误及浪费增多、左顾右盼迟迟不能开始行动等

②工作态度恶化：态度不冷静、焦躁、迟到、早退、请假的情况变多等

③人际关系问题增多：开始介意别人的言行；变得不想跟人打招呼；孤立；因为一些小事不满；和同事产生摩擦等。

干劲提高动力

①在自我管理的同时，能诚实地应对问题

②创造让现场领导自由发挥才能的环境

③不受公司方针及权限的束缚，可以自由挑战

经常观察

5-6

现场领导需要养成的习惯

对现场领导来说，指导部下也是很重要的工作。这不单纯只是进行知识和技术的教育而已，还关系到部下能否积极热情地投入工作，从而达成目标，实现成长。此工作中特别重要的部分是“指导缺乏动力的部下”。要是存在理解能力差、缺乏动力、反复失败、令人无可奈何的问题员工的话，会让现场领导感到自己指导能力不足，感叹自身能力有限。这种情况下，现场领导就只能责怪自己，无法责备部下。久而久之，就不难理解为什么现场领导自身也会丧失动力了。

即便如此，现场领导也不能丧失工作热情，必须让部下鼓起勇气。这样一来，领导自身也会鼓起勇气。这是因为现场领导在向部下传递正能量的同时也会听到自己激情的言论，也会憧憬梦想成功。为了让现场领导不受心理问题的影响，就要让他把以下行为养成习惯。要让现场领导意识到自己的工作热情源于部下的积极变化、目标达成以及成功。

①先呼唤对方名字再问好：用响亮的声音看着对方问好。无论是谁都要主动上前去问好。

②经常与员工打招呼：要公平地向每位员工打招呼，这样能显示出领导对部下的关心。对于缺乏活力的员工而言，要让他们稍稍感到领导在特别关照自己。

③无论大事小事都要表扬员工：认可部下的种种个性，善于发现员工的优点并让他自己意识到。让部下拥有自信，获得安心感。

让现场领导保持工作热情

现场领导的热情

因问题部下而感到自己指导能力不足

压力

①先呼唤对方名字再问好——认可部下
②经常与员工打招呼——公平地搭话
③无论大事小事都要表扬员工——让部下拥有自信

指导缺乏动力的部下

让他鼓起勇气

原动力

理解能力差、缺乏动力、反复失败的问题部下

干劲

向部下传递正能量
听到自己激情的言论，憧憬梦想成功

动力

5-7

“好的”3 原则

现场领导责任心越强，就越会感到压力巨大。为了预防现场领导出现心理不适，就需要让他活用“好的”3 原则。其实就是要无条件地相信自己，抱有信念，能快速意识到“决断力”的口头禅。

①“好的。能做到”：确信可能性

在挑战某件事物时，不要说像“要是能做到就好了……”这样充满疑惑的话，也就是不能带有任何模糊的推测及愿望。通过说“好的”就能表达自己果断决策的态度，而说“能做到”则能显示出自己坚定的信心。通过说这句话，即使没有确信成功的依据，也能坚定“自己能做到”的信息。面对目标，一定要摆出勇于挑战的姿态。只要日积月累地不懈努力，就会收获意想不到的成果。

②“好的。做做看”：决定朝着未来出发

当我们决定要踏出第一步努力时，勇气是必不可少的。

确信地说“好的”，就能产生挑战的勇气。把焦点对准目标，说“做做看”的话，就能毫不迟疑地开始行动。

③“好的。再做一次”：确定为了成长永不言弃

即便反复失败也要有永不言弃的坚强意志。通过说“好的”，进一步鼓舞自己的意志力，而说“再来一次”就代表坚定地继续做下去。不要偏离目标，从失败中吸取经验并转化为智慧，就能促进自我成长。这样就能长期保持不畏压力、积极向前的心态。

上司只需推动现场领导的行动，让他自己照亮前行的道路。

让现场领导意识到“决断力”，常说“好的”3原则

“好的”3原则

好的。能做到

好的。做做看

好的。再做一次

为保持责任心
强的现场领导能长期保持
不畏压力，积极向前的心态，
就要常说“好的”3原则

“好的”3原则

① “好的。能做到”：确信可能性

在挑战某件事物时，能没有任何疑惑地确信能做到。

② “好的。做做看”：决定朝着未来出发

能把焦点对准目标，毫不迟疑地开始行动

③ “好的。再做一次”：确定为了成长永不言弃

拥有即使失败也不放弃的坚强意志。从失败中吸取经验并转化为智慧，就能促进自我成长。

5-8

努力做到被人喜欢

人的心会因对象的好恶而产生情感的变化，而我们的行动会被心理感受所左右。当时的心理感受会成为判断的重要基准。也就是感性胜于理性。因此，我们都会肯定地看待喜欢的事物，而否定地看待讨厌的事物。

设想，上司临时吩咐现场领导："不好意思啊，这件事情也在今天内帮我解决，没问题吧？"如果现场领导对上司抱有好感，就会为上司考虑回答道："您辛苦了。作为厂长您也很辛苦啊。虽然还有部分工作没有做，但我会抽时间来处理这件事的。"从而积极地配合工作。即使工作量增加了，现场领导也不会觉得负担大增，反而会觉得上司信赖才交给自己做，由此就会激发工作热情，麻利地处理完这个工作。

相反，如果现场领导对上司抱有厌恶的情绪的话，虽然在同样的场合嘴上会回复道："嗯。今天就要完成吗？我会尽量去做的……"但内心却想"你能不能适可而止啊！就算没有这事我每天也在加班。忙都忙不过来啦!”对现场领导抱有抵触的情绪，虽然心中不满，但表面上却不敢违抗上司，这样就会堆积相当的压力。

所以不要觉得“这是工作，你就该做”，而是要努力做到被人接受和喜欢。向对方传递好感也就意味着向对方传递正能量，转变对方消极的心态，从而让对方采取积极的行动。现场领导也希望和自己喜爱的上司一起努力工作。如果对上司毫无好感的话，那么上司的存在就会给现场领导造成压力。

知道感性胜于理性

内心的机制

- 肯定地看待喜欢的事物，而否定地看待讨厌的事物。
- 被人喜欢能形成动力，而被人讨厌的话，自身的存在就会给对方造成压力。

领导的心态

＋ → 喜欢 → 肯定地 → 配合地 → 积极地 → **动力**

上司的存在

－ → 讨厌 → 否定地 → 孤立地 → 消极地 → **压力**

希望和自已喜爱的上司
一起努力工作!

向对方传递好感也就意味着：

向对方传递正能量，
转变对方消极的心态，
从而让对方采取积极的行动

5-9

“命令、商量、启发”的指导技巧

上司的指导能力也很关键。如果指导有方的话，谁都会被上司的实力和魅力所吸引，现场领导也会产生敬慕之意。为了和现场领导建立融洽的关系，上司需要掌握“命令、商量、启发”的指导技巧。关键是要和现场领导建立相互信赖的关系。根据现场领导的类型和问题的不同，可分为以下 3 种情况。

①命令（上司 → 新任现场领导）：对于上司需要切实把握的问题

根据 5W2H 明确提出指示命令。要让新任领导经常汇报。根据实际进展情况来明确下一步指示命令。

②商量（上司 ←→ 能在一定程度上委托工作的现场领导）：对于需要相互商量解决的问题

要重视与现场领导多沟通。虽然上司心里可能已有自己的结论，但也需要相互沟通，灵活地探讨，采用最佳方案。

要处理好与现场领导的关系，并让他肩负责任感。

③启发（上司 ⟷ 经验丰富的现场领导）：对于能完全委托现场领导的问题

如果对方是经验丰富的现场领导，那么上司就应该倾听他的讲话，并尊重他的意见。在明确了目标（要达成的内容）、目的（做这件事的必要性及期望）及期限（交货期）后就可以完全委任他去执行了。上司需要做出“我就负责监管和承担责任”的姿态。

区分使用指导技巧

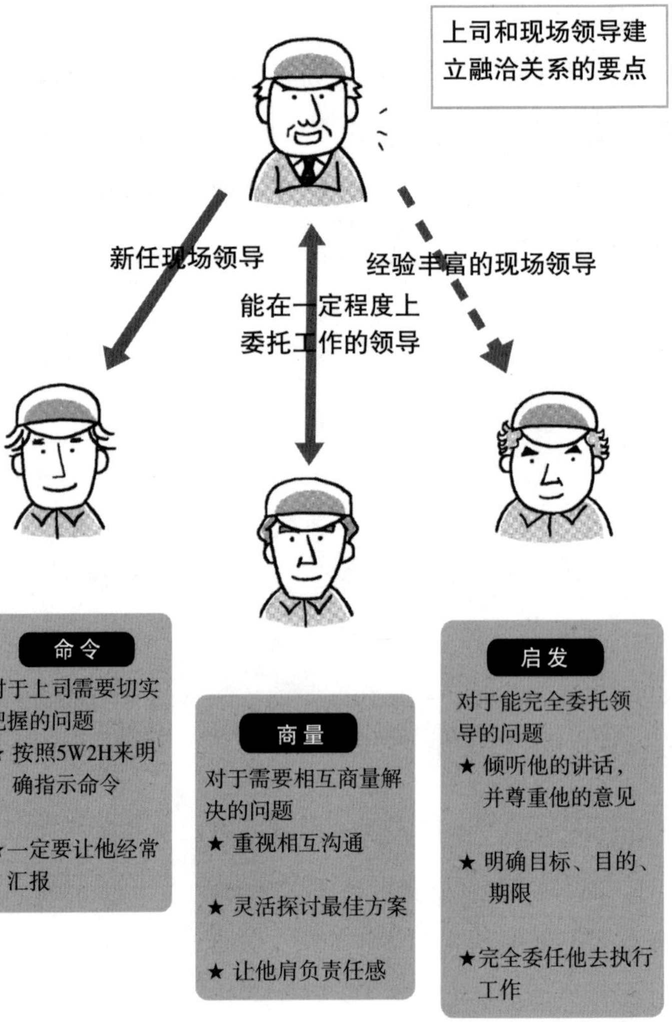

命令

对于上司需要切实把握的问题

★ 按照5W2H来明确指示命令

★一定要让他经常汇报

商量

对于需要相互商量解决的问题

★ 重视相互沟通

★ 灵活探讨最佳方案

★ 让他肩负责任感

启发

对于能完全委托领导的问题

★ 倾听他的讲话，并尊重他的意见

★ 明确目标、目的、期限

★完全委任他去执行工作

5-10

保持领导的大脑活力

压力是无法避免的。如果我们不做任何防备工作的话，身心健康就很有可能受到侵害。因此，我们应该了解如何面对压力。关键在于学会放松。

比如当你因为兴奋心脏怦怦跳时、因为过度紧张感觉肠胃不工作时，或因为疲劳感觉头脑不转时，你会有怎样的生理反应呢？你可能会无意识地叹气或打呵欠。其实叹气和打呵欠都是通过呼吸来调整内脏循环，从而强化身心状态的自然生理行为。

呼吸为你的“生存”提供了最大的能量，并首先保障了你能够坚强地活下去。呼吸属于自主神经系统。大脑通过2条神经系统向全身传达指令，而自主神经系统就是其中之一。自主神经系统不受我们意识的控制，因此我们不用特别地去意识也会自然地呼吸。另外，我们还可以通过有意识地呼吸来调整身体机能。有意识地调整呼吸（控制气息）可以恢复心脏平静，促进大脑萌发新鲜想法，激发身体活力。这是因为最大限度地摄取氧气后大脑活力就复苏了。

基本方法就是练习腹式深呼吸法。这是一种简单的放松办法。当你感到困倦时试着缓慢而深长地吐气，然后再大口吸气，接着稍微屏住呼吸后再吐气。重复练习几次。你也可以在洗澡时有意识地大打 3 次呵欠，这样有助于恢复疲劳。练习时要有意识地释放身体中多余的能量，让身体放松。

促进调整呼吸，让大脑充满活力

调整呼吸（控制气息）法

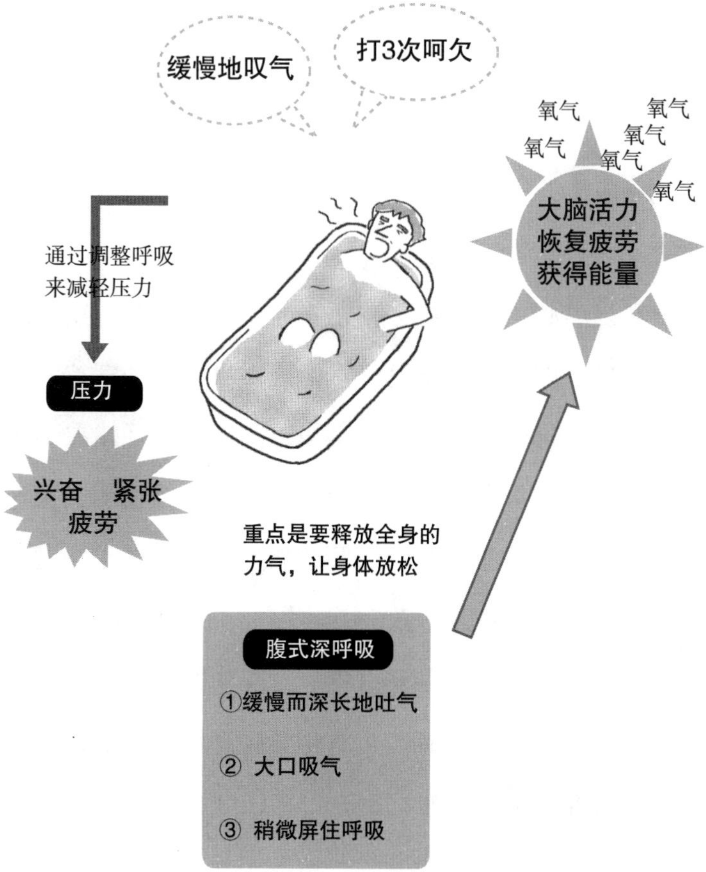

5-11

布置附加课题

越是有能力的现场领导就越容易独自揽下一堆工作。从某种意义而言上司倒是轻松不少，工作都委托给了现场领导，于是就可以放心了。但是这有可能导致上司对现场领导的夸大评价。另一方面，现场领导感受到来自上司的期待，于是为了不辜负上司的期望而努力工作。而这就有可能在不知不觉间给现场领导造成过重的负担。如果责任范围明确，且工作进展顺利的话，那自然没问题。如果工作进展不顺利，且责任范围也不明确的话，领导就会感到沉重的压力。

其实最终责任还是在上司身上，现场领导不过是在辅助上司，扮演辅佐的角色而已。因此要让现场领导清楚自己的职责，不必像上司一样揽下所有工作。

现场领导的压力管理也是上司的工作之一。上司要经常注意现场领导的言行，不要疏忽任何变化。上司要在充分考虑现场领导的实际能力后再适当地布置附加课题。比如目标生产值还是要按照既定的方针告诉现场领导。而附加课题布置为“要求领导在安全强化期内多和员工一起吃午饭”之类的任务即可。并非要大幅提高目标生产值，只需将目标定成101%就可以。要让领导持续看到成果，从而让他充满自信。

在此过程中，禁止讲任何消极的话。因为布置的任务并不会刁难现场领导，或强求于他，所以上司说“很难啊”“真复杂啊”之类的话会助长领导畏惧困难、畏惧挑战的心理。不要让领导过分地拘泥或局限于某种事物。

不要夸大对领导的评价

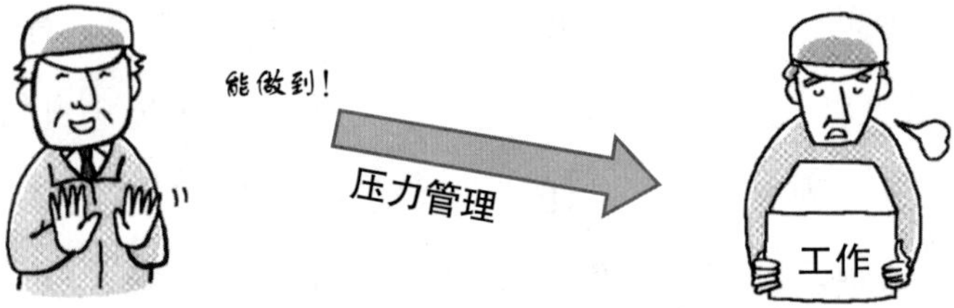

压力管理的要点

- 明确最终责任在上司身上
- 可以依赖现场领导，但不能对他夸大评价
- 不要让现场领导一个人揽下所有工作
- 明确现场领导辅佐上司的身份
- 布置附加课题
- 禁止说消极的话：不要让领导示弱
- 不要让领导过分地拘泥或局限于某种事物

附加课题

- 和员工一起吃午饭
- 不要设定太高的目标值，定为101%就可以。

禁止说消极的话 。比如：

"只能做成这样"
"无论怎么想都想不明白"
"很难啊" "真复杂啊"
"真麻烦啊" "怎么都做不成"
"真是没办法啊"
"这实在是太过分了"
"如果……的话我就做，但是……"

【专栏】 心理健康维护法⑤

AT-2（自生训练法的步骤及实践方法）

横卧或坐在椅子上。戴眼镜的朋友请摘掉眼镜。松解腰带，让身体保持舒适的状态，然后开始。在一个安静的场所，当心情觉得十分放松后，就在大脑中通过意识控制来完成以下步骤。练习时不要急躁，重点是要让自己觉得“这是自然而然的反应”“在大脑发出指令时，身体的感觉就如此了”。

<自生训练法的6个步骤>

1. 感觉双手双脚很倦怠，沉沉地压在地面上
2. 感觉双手双脚很温暖
3. 感觉心脏平静而有规律地跳动
4. 感觉呼吸很放松
5. 感觉腹部周围很温暖
6. 感觉额头迅速清凉了下来

做完后试着舒展身体，做手臂屈伸运动，让自己彻底清醒。

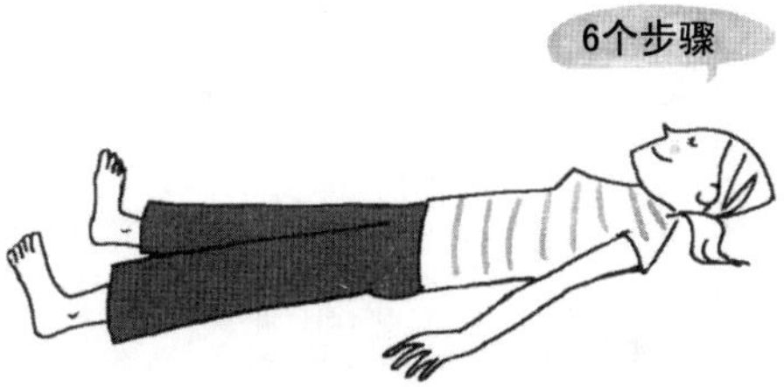

第6章

预防员工心理不适的工厂机制

6-1

总论：应对“事故”“身体不适”“状况不良”“效率低下”等情况

所有不幸事件的原因都有可能是压力直接导致的。

产生压力的原因主要有以下几种：①物理化学因素：比如暑热、寒冷、高气压、低气压等；②环境因素：比如噪音、振动、空气污染、照明（过亮或过暗）、有害物质等；③社会因素：比如加班或上夜班导致劳动过度、长期处于繁忙的状态、自己不喜欢的职务重任、欠债等债权债务等；④身体因素：生病、外伤、手术、过度运动、暴饮暴食、营养不良、睡眠不足等；⑤精神因素：亲人的生病或死亡、失恋、下岗、破产、挫折等；⑥人际关系因素：职场及家庭的人际关系、亲戚关系、地域关系、与朋友的矛盾等。

产生以上急性或慢性压力时，就有可能引起以下几种情况。

①带有病状的忧郁症状：由于精神压力而引起身心性疾病或忧郁症

②不安全行为：有可能导致事故或工伤的某种危险行为

③冷漠行为：即使自己的事也无法积极主动地投入

你的工厂是否能有效预防员工心理不适呢？请确认工厂里是否存在以下几种良好氛围。如果确实具备了，那你就可以放心了。

①上级能下放权利让下级自主决定

②能通过会议召集员工共同商讨问题

③允许反复试验，灵活分配科研预算

④能自主提出看法，改良议案及制度

⑤评价制度明确，能得到合理的反馈

确认工厂里的氛围

压力源的种类（压力的原因）

种类	分类	内　　容
物理、化学因素	急性・外在的	暑热、寒冷、高气压、低气压
环境因素	慢性・外在的	噪音、振动、空气污染、照明（过亮或过暗）、有害物质
社会因素		繁忙、责任重、加班、夜班、债权　债务
身体因素	慢性・内在的	生病、外伤、手术、过度运动、暴饮暴食、营养不良、睡眠不足
精神因素		亲人的生病或死亡、失恋、下岗、破产、挫折
人际关系因素	急性・慢性 外在的・内在的	职场及家庭的人际关系、亲戚关系、地域关系、与朋友的矛盾

①带有病状的忧郁症状

② 不安全行为

③ 冷漠行为

工厂的体系

确认工作氛围

请确认你的工厂里是否存在以下几种氛围：

□ 上级能下放权利让下级自主决定。

□ 能通过会议召集员工共同商讨问题。

□ 允许反复试验，灵活分配科研预算。

□ 能自主提出看法改良议案及制度。

□ 评价制度明确，能得到合理的反馈。

6-2

交流机制

良好的交流机制为建立人际关系奠定了基础，因此工厂有必要完善交流机制并积极实践起来。但不是光打打招呼或者说上两句话就完事了，而是要有目的、有意识地进行交流。

首先，让我们来看看活力工厂所具备的 7 大特征。为了建立良好的交流机制，需要让每一位员工意识到以下 7 大要点。

①通过让公司、工厂及生产线目标一致来统一行动，让员工抱有同一价值观，共享喜悦。

②通过上下班时积极地向同事打招呼来提高同伴意识。

③在工厂里通过图表及数据来公开成本效益，以便可以随时确认。

④通过实实在在的证据来清除各种流言蜚语及猜想，从而消除员工的不信任感、不和与不安。

⑤通过公开展示各部门的成果让人了解各部门的贡献程

度，从而相互形成良性刺激。

⑥因为公开展示了改善方案及其效果，所以员工们可以时常受到激励。

⑦当有必要实施提高工作热情的教育培训或增强心理健康的咨询教育时，要选在合适的时机进行。

心理健康维护对策并不是能对症治疗的方法。所有制度都需要在充分考虑到人的特性后再全力解决问题。

因为无论是谁都有可能产生心理不适。

活力工厂的7大特征

交流机制

活力工厂的7大特征

① 通过让公司、工厂及生产线目标一致来统一行动，让员工抱有同一价值观，共享喜悦。

② 通过上下班时积极地向同事打招呼来提高同伴意识。

③ 在工厂里通过图表及数据来公开成本效益，以便可以随时确认。

④ 通过实实在在的证据来清除各种流言蜚语及猜想，从而消除员工的不信任感、不和与不安。

⑤ 通过公开展示各部门的成果让人了解各部门的贡献程度，从而相互形成良性刺激。

⑥ 因为公开展示了改善方案及其效果，所以员工们可以时常受到激励。

⑦ 当有必要实施提高工作热情的教育培训或增强心理健康的咨询教育时，要选在合适的时机进行。

要点！

- 无论是谁都有可能产生心理不适。
- 所有制度都需要在充分考虑到人的特性后再全力解决问题！

6-3

透明化机制

工伤事故虽然有一部分纯属意外事件，但只要深入调查便可知大多数情况都是由于安全隐患所导致的。人虽然有时候明知某种行为有一定的危险性，但仍会去做。这就会成为日常工作中的不安全行为。

究其原因，有以下 3 点：①技能熟练后就会产生过度的自信，从而轻视危险；②怕麻烦，为了快速获得结果省去中间步骤；③觉得“只要大家都这么做就没什么好担心的”，养成坏习惯后就很难改掉。

判断一个工厂会不会诱发这些不安全行为，即是不是一所“问题工厂”，只要看看工厂的环境便可知晓。以下就是易堆积压力的工厂的 7 大危险特征。

①到处都是垃圾、纸屑和油污等，非常脏乱；

②工具、资料等东西随意乱放；

③流程不畅，许多东西混杂在一起，无法找出想要的

东西；

④没有张贴鼓励标语或产品示范的海报，或是张贴着十分古老的海报；

⑤只有口头提醒，没有提案改善的制度及活动，也没有明文的规定；

⑥没有固定的休息室，或是条件简陋；

⑦库存及作业进程等管理记录含糊不清。

“透明化”就是通过在工厂里共享作业信息从而有助于早期发现并处理现场问题，提高工作效率，改善工作环境。如果这么做会诱发压力，或仍表现出对危险行为视而不见的话，那么“透明化”就没有任何意义。如果你的工厂存在以上任何一种情况的话，那么就请立即改善。

造成压力源源不断的工厂7大危险特征

①到处都是垃圾、纸屑和油污等，非常脏乱；

②工具、资料等东西随意乱放；

③流程不畅，许多东西混杂在一起，无法找出想要的东西；

④没有张贴鼓励标语或产品示范的海报，或是张贴着十分古老的海报；

⑤只有口头提醒，没有提案改善的制度及活动，也没有明文的规定；

⑥没有固定的休息室，或是条件简陋；

⑦库存及作业进程等管理记录含糊不清。

产生不安全行为的原因

①当技能熟练后就会产生过度的自信，从而轻视危险；

②怕麻烦，为了快速获得结果省去中间步骤；

③觉得“只要大家都这么做就没什么好担心的”，以及养成坏习惯后就很难改掉。

透明化机制

目的是为了有助于早期发现并处理现场问题，提高工作效率，改善工作环境

以身作则，拿出勇气！努力让顾客喜欢

6-4

整理・整顿机制

整理・整顿工作看上去简单但做起来难，容易有头无尾，难以长期坚持下去。认真做好整理・整顿工作不仅能提高工作效率，防止不良产品流向市场，还能提高工厂的安全性等。如果在干净整洁的环境中工作的话，不仅心情会变好，工作也会变得容易开展，流水线的效率得到提高，还会产生小心处理物品、注意保持原来的环境等效果。但这只是理想的状态罢了。当交货期逼近或急需处理故障时，就容易不按照规定办事。一旦整理・整顿工作有所松懈，就会导致该规定变成一张白纸。用不了多久工厂就会变得杂乱无章。等事故发生了才后悔也无济于事了。

所以要思考如何才能做好整理・整顿的工作。要是能做到不用思考，看一眼就明白，以及不用死记硬背，到了现场就知道怎么往下进行的话，规定就能被遵守，还容易长期保持下去。其实实施并不难，关键是要有意识去遵守。当觉得很麻烦或为自己方便就随便行事的话，这就是纵容自己点滴错误的行为。

作为解决方法，首先要活用颜色和形状。可以用不同的颜色来区分种类，并在禁区明显标识“×”号。通过箭头及不同颜色的道路来表示方向，并按照图画所示内容在那摆放相应的物品。可以用胶带贴上不同生产线的标识来明确区分。关键是要做到不用思考或不小心疏忽时也能顺利地按照标识完成流水作业。即使厌倦了或者产生了惰性，也要保持整理·整顿的状态。要活用五感来建立整理·整顿的良好体系。

活用五感来建立整理·整顿机制

整理·整顿机制

如果做好整理·整顿工作的话，能够：

- 提高工作效率
- 防止不良产品流向市场
- 提高工厂的安全性

活用五感来建立整理·整顿的体系

★不用思考或疏忽时也能顺利地按照标识完成流水作业

★即使厌倦了或者产生了惰性，也要保持整理·整顿的状态

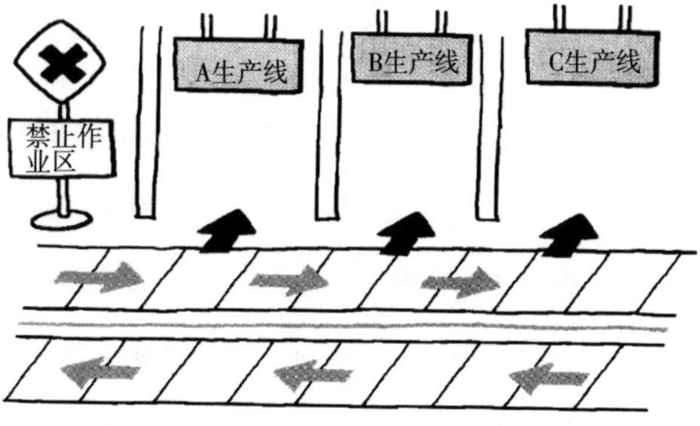

6–5

明确责任目标

抱有只要做好自己的工作就行，或尽到自己的责任就好的这种想法其实是片面的。为了生产、研发、销售、采购等相关部门保持工作进度一致，就必须清楚地认识到自己的工作在整个公司里所处的位置。不要觉得只要在工厂认真工作就行，也不能觉得经常开会讨论就没问题。

如果无论开多少次会议都只见树木、不见森林的话，这就是只顾部门目标的表现。如果每个部门都随意设定目标各自为战的话，即便出了成果，也不会被认可对公司整体目标做出了贡献。而这种努力得不到认可的不满情绪就会形成压力。另外，要是由于部门不同而造成工作量不均衡的话，就会让人产生不公平的感觉。员工会觉得自己的负担感远大于对目标的成就感，从而不满的情绪就会愈加严重起来。这样一来部门间的协作意识就会消失，从而导致各部门相互扯后腿，都极力为自己部门找借口辩护。各部门要是都按照自己的想法来发展的话，就不可能实现公司的整体目标。这些做法都会转变为压力逐渐堆积起来。其实应该意识到工厂和公司是相互支持、不可分离的一个整体。这就是把意识转化为正能量的秘诀。

在开会时要时常明确公司下发给各部门的目标，并公开各部门的职责范围。要充分理解整体和部分的关系，然后公布公司的整体目标和各部门的目标，使得各部门间可以相互调整责任与义务。

公布责任范围

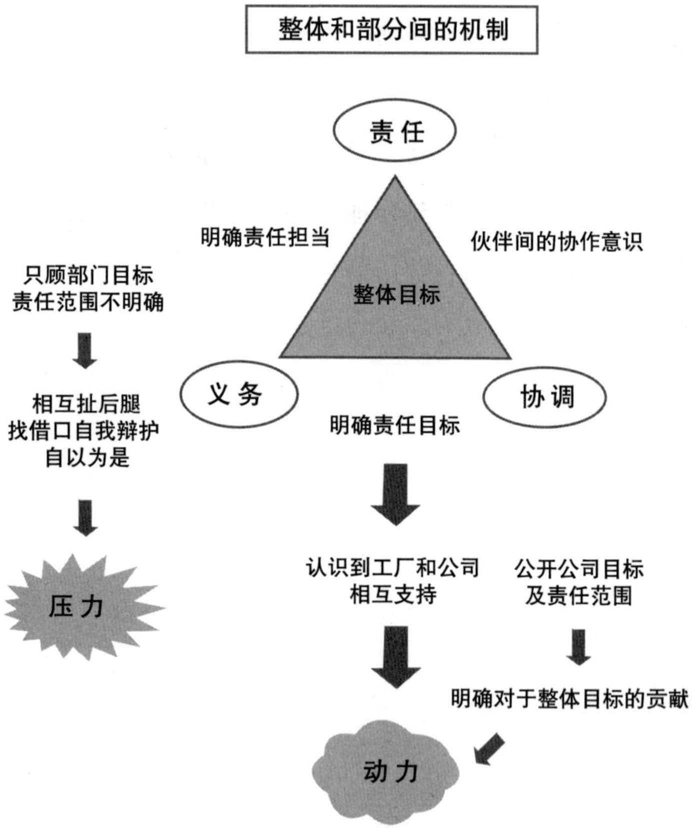

整体和部分间的机制
责任
明确责任担当
伙伴间的协作意识
整体目标
只顾部门目标
责任范围不明确
相互扯后腿
找借口自我辩护
自以为是
压力
义务
协调
明确责任目标
认识到工厂和公司
相互支持
公开公司目标
及责任范围
明确对于整体目标的贡献
动力

6–6

“工作指示”机制

发生故障时，手足无措会造成压力。如果每次都惊慌失措地想“怎么办啊”，就有可能导致我们无法正常工作。

作为解决办法，首先要完善生产手册。工厂需要明确生产标准，即按照正常的流程正确操作的话就能确保生产出相应的产品。只要有了标准，就可以根据各种变化情况考虑相应的应对措施，比如交期紧张时的应对措施，或者临时追加生产时的应对措施等。当发生紧急情况时，切莫被动地等待上司的逐一指令，而是要根据实际情况主动思考自己能提出什么应急方案或解决方案。重点是要建立相关制度允许员工探讨修改制造指南。

这种制度作为改善工作环境的要点，对于维护员工们的心理健康也起着积极的作用。比如多数年轻时没吃过什么苦头的人长大后往往容易郁闷。总是因为一点小事不顺心就整天闷闷不乐。当发生问题时，没有自信去解决问题，手足无措。并且他们自尊心还很强，不喜欢受人指使。因此，当受到上司或者同事的指使时，他们通常不会按照吩咐去做。你的职场里肯定也有这样的员工。面对这种情况时，我们不要总是抱怨员工的个人性格，应该指导他们在正常情况和突发情况下的应对方法，打造能让员工自信工作的环境及制度。在明确的生产标准下工作，这种安心感能缓解各种性格人群的压力。重点是要设法让员工身心没有负担感，拥有自信和热情。

关键是要拥有自信与热情

6-7

建立工作确认制度

无论什么工作都需要确认。如果工厂不做好确认工作的话，就有可能引发重大事故或灾害。所以我们应该营造认真确认的生产环境。比如在早晨例会时，上司要确认今天的工作重点。老员工和上司要先后检查确认。员工本人在执行工作前要确认所做工作与计划是否相符。当日工作确认完成后，领导要确认第二天的工作计划等。

作为心理健康维护对策，工厂有必要为改善生产环境建立有效的确认制度。有人参考厚生劳动省发布的《劳动者心理健康维护手册》制订了《生产环境改善启示录》（心理健康维护行为测试表）。它从以下 6 个方面来具体介绍改善生产环境的要点及方法。

①参与制订工作计划以及共享信息：包括制订以少数人为单位的小组团队工作、调整工作量过重、共享信息等；

②制订工作时间及工作内容：包括不加班、高峰作业时

的工作变化、轮班制及休息等；

③流畅的工作次序：包括处理物品、收集信息、改善反复作业、预防工作失误等；

④工作场所的环境：包括温度和噪音控制、有害物质的处理、预防吸入二手烟、休息设备、紧急情况的应对等；

⑤工厂内部的相互支援：包括上司及同事的支援、团队间合作、工作评价、部门间相互支援等；

⑥能安心工作的工厂机制：包括对于投诉的处理、自我管理的教育培训、工作展望、公平的晋升机会等。

关键是要养成确认的习惯

工作确认机制

在早晨的例会上

★上司要确认今天的工作重点

★老员工和上司要先后检查确认

★员工本人在执行工作前要确认所做工作与计划是否相符

★当日工作确认完成后，领导要确认第二天的工作计划

↓

养成确认的习惯

↓

充满安心感

6-8

建立工作跟进制度

如果身处单调的工作环境，只是一个劲地说、一个劲地做的话，就容易产生乏味感和惰性。这样就会产生压力，对心理健康造成重大威胁。虽然员工可能自认为明白了问题的所在及应对方法，会引起注意的，但实际上并没有当回事。于是就会因为粗心大意而引发失误。这就是工作跟进制度不明确导致的后果。

其实可以每月找个机会把相关人员召集在一起开个会，让大家谈一谈工作上的窍门、注意事项、改善方案、成功与失败的案例等。目的并不在于通过和他人的比较让人灰心，而是要把工作中需要大家引起注意的重点告诉大家，让大家引起重视。工厂需要建立反馈制度给予员工有建设性的评价及建议，从而形成良性刺激，激发员工的工作热情。做到让员工在肯定自我的同时能虚心地改进工作。要让员工充满受到重视的感激心情。

心理健康维护的跟进也是很重要的。在会议上可以活用《生产环境改善启示录》(心理健康维护行为测试表)。心理健康维护行为测试表并不是衡量生产环境是否良好的工具，其目的是为了改善职场环境提供良好的思路和方法。不要把工作内容的跟进和心理健康维护工作分开来考虑。如果能建立良好的制度，确保在跟进工作内容的同时减轻和改善工作压力的话，就可以取得一箭双雕的效果。心理健康维护行为测试表可以检测出工作量的负担情况、工作管理的情况、上司及同事的支援情况等。

职场环境改善启示录
（心理健康维护行为测试表）项目一览表

※此表为改善生产环境、减轻工作压力，对相关参考项目做了归纳。

领域	行为项目	与“工作压力判定图”相对应			
		工作的负担量	工作管理	上司支援	同事支援
A 参与制订工作计划以及共享信息	1.为参与编制工作日程制订顺序		◎		
	2.增加以少数人为单位的小组团队工作		◎		
	3.及时调整过重的工作量	◎	○	○	○
	4.分配员工自己希望担当的工作		◎	○	
	5.重要信息准确传达给每位员工		◎	○	○
B 制订工作时间及工作内容	6.制定标准劳动时间，尽量做到零加班	◎	○		
	7.改善繁忙时期及高峰时期的工作方法	◎	○		
	8.确保员工休息、休假的权利	◎	○		
	9.改善工作体制及轮班制	◎	○	○	
	10.保障员工能根据个人生活情况调整工作	◎	○	○	○
C 流畅的工作次序	11.改良处理物品和材料的方法	◎	○		
	12.创造便于工作的个人办公环境	◎	○		
	13.简明扼要地传达工作指示及内容	○	◎	○	
	14.改善重复、过密及单调的作业	◎	○		
	15.采取多种措施预防工作失误	◎	○		
D 工作场所的环境	16.创造舒适的温度环境、噪音环境及视觉环境	○	○	○	○
	17.隔离有害环境的污染源	○			
	18.预防在工作场所吸入二手烟			◎	◎
	19.改善卫生设备及休息设备	◎		○	○
	20.改善紧急情况时的应对顺序	○	○	○	
E 职场内部的相互支援	21.创造易与上司沟通的工作环境			◎	○
	22.创造同事间能轻松交流、相互商量的工作环境			○	◎
	23.鼓励团队合作			◎	◎
	24.员工能获得合理的工作评价			◎	○
	25.推进部门间相互支援	○	○	○	○
F 能安心工作的职场机制	26.设置个人健康及职场健康问题的咨询窗口	○	○	○	○
	27.创造学习自我心理维护的机会	○	○	○	○
	28.对于组织及工作突发性的变化事先制订对策	○	○	○	○
	29.明确晋升、深造的机会，确保机会公平		○	◎	○
	30.紧急情况下的心理维护	○		○	

注：◎表示关系密切，○表示有关系

原表出自在2004年厚生劳动科学研究经费资助下进行的劳动安全卫生综合研究工作之“关于改善职场环境的心理健康维护对策的研究”中的生产环境改善启示录。

出处：吉川彻、川上宪人、小木和孝、堤明纯、岛津美由纪、长见真纪子、岛津明人共著的《为改善生产环境而开发的心理健康维护行为测试表》，产业卫生学杂志，2007年第49号。

6–9

明确工作职责

人常常抱有矛盾的心理。比如希望获得丰硕的成果，可又不想付出太多的努力；不希望引人注目，但又希望得到认可等，实在是非常麻烦。因此，如果让员工任意工作，任其自由发展的话，一旦员工觉得自己被忽视就会产生压力，而且这么做还有可能导致员工技能退步。能量需要正确的引导才会被激发出来。

无论是一味地给员工布置工作，还是一味地进行管理指导，都会打击员工的工作积极性。要是一味地追求数量就有可能导致忽视质量。所以需要平衡矛盾的两面性。

就好比是根据实际情况选择提高生产效率，还是一边维持原来的生产效率一边减低生产成本呢？是优先让自己的部门发展，还是配合其他部门推动整个公司的发展呢？关键要在感知矛盾的基础上为实现目标给团队成员分配适当的任务。此时，要明确员工的个人职责，让其切实发挥作用。例如新人在做好本职工作的基础上就可以让其在工作时间外担当某个项目的负责人。比如在防火灾安全强化月时，可以布置新人在午休时四处走走提醒大家：“请小心用火！”或让新人教大家用灭火器；让新人早晨往吸烟处的烟灰缸里加水；让新人制作相关海报并张贴在休息室等。

以下情况会让人感到工作的意义，提升动力。

①认识到通过自己的工作就是在为社会做出贡献，并引以为豪时

②对于社会贡献度，能客观地自我衡量、自我评价以及自我意识时

给予员工的职务目标

职务的机制

要点！

为了保持平衡，
努力提升动力

在感知矛盾的基础上，为实现目标分配适当的职务

例如：

- 是优先部门发展，还是推动整体发展？
- 是根据实际情况提高生产效率，还是一边维持原来的生产效率一边减低成本？

－　＋

让人感到工作意义的职务

①认识到通过自己的工作就是在为社会做出贡献，并引以为豪时

②对于社会贡献度，能客观地自我衡量、自我评价以及自我意识时

6-10

定期 OJT 的管理

公司对于新人的在职培训（OJT）总是很热心。但如果当新人能独自完成些许工作后就放心地让其完全独立工作的话，到头来新人和导师都难以看到明显的进步。此外，如果安于现状，只做自己能做到的事的话，最后就会因为工作单调乏味陷入麻木的工作状态。从而就会放弃进一步的成长。

因此要灵活思考 OJT 的方法，定期刺激新人。例如，可以每月 1 次让老员工或上司对新人直接进行技术指导。让新人实际操作，而老员工或上司在一旁观看并肯定其做得好的地方，表扬新人的点滴进步，指出不足之处，促进新人提高效率，并让新人从力所能及的工作开始做。这样的 OJT 就能给新人形成良性的刺激，提高新人的动力。如果有机会让新人挑战公司内部或行业内部的一般及特殊技能比赛的话，就会促进新人自我提高。

为了不让单调的工作产生过多的压力，改善方案就是让新人具有积极主动性，让其具有主体意识。尤其要让新人有意识地具备以下5种心态。

①挑战的心态　②乐于助人的心态　③学习的心态　④创造的心态　⑤发扬个性的心态

为什么要具备以上5种心态呢？因为人往往在以下几种情况时会感到“工作价值”。

（1）被分配到的工作、职务或课题比自己的预想稍难时

（2）担任的职务被给予一定程度的自由发挥空间时

（3）在完成工作、职务或课题时需要下很多功夫、付出很多努力时

（4）具备信息传递畅通无阻的环境时

（5）周围的同事认可自己的工作很重要时

（6）能获得上司或老员工的公正评价时

设法做好激励人心的定期OJT

OJT机制

激励人心的OJT是……

- 能得到老员工或上司直接的技术指导
- “让新人实际操作，老员工或上司在一旁观察并肯定其做得好的地方，表扬新人的点滴进步”的方法
- 指出新人的不足之处，促进新人提高效率，并让新人从力所能及的工作开始做
- 有机会让新人挑战公司内部或行业内部的一般及特殊技能比赛

为了不让单调的工作产生过多的压力，改善方案就是让新人具有积极主动性和主体意识

⬇

让新人有意识地具备5种心态

①挑战的心态 ②乐于助人的心态
③学习的心态 ④创造的心态
⑤发扬个性的心态

让人感到工作价值的场合

(1)被分配到的工作、职务或课题比自己的预想稍难时

(2)担任的职务被给予一定程度的自由发挥空间时

(3)在完成工作、职务或课题时需要下很多功夫、付出很多努力时

(4)具备信息传递畅通无阻的环境时

(5)周围的同事认可自己的工作很重要时

(6)能获得上司或老员工的公正评价时

6-11

“传达企业方针”机制

一般员工很难有机会接触到社长、管理团队及厂长等公司上层人员。如果没见过社长的脸，也感受不到社长的直接领导的话，员工就会感到不安，觉得“虽然我们按照公司的指示朝着既定的目标天天在努力，可领导们真的知道我们在认真工作吗?”这是因为员工们只意识到了眼前的工作，而高层制订的长期计划、中期计划等方针并没有切实传递到员工那里。在这种情况下，无论怎样被激励，员工也只会觉得自己像是机器一样在工作。其实只要能进一步打动员工的情感，让员工感到生命的气息，实现分享喜悦的话，就能提高员工的干劲。

例如，可以建议领导通过电视早会、电视会议或座谈会议等形式增加与员工直接交流的机会。在早会及开会时，可以首先让大家朗读社训、CI 理念等形式来让员工在明确感受高层的想法的状态下开展工作。员工常常能看到领导的脸，就会觉得领导就在我身边，于是就会被激发出动力。而经常见见员工也会让领导觉得自己被每一位员工所注视和认可。

员工要是把高层的方针转化为具体的目标，为了提高技能反复练习，就能全力以赴挑战新的生产线。就算工作压力非常大，如果工作内容有意思的话，员工也会乐意去做。即使身体很疲惫，只要稍微休息就能恢复体力。如果疲劳导致精神过敏的话，咨询制度就能发挥作用。

设法增加与高层直接交流的机会

“传达企业方针”机制

经营理念
……
社训
……
CI理念
……

在电视早会、电视会议
以及座谈会议上
让领导露脸

激励员工的时候：
- 打动员工的内心
- 让员工感受到生命的气息
- 实现分享喜悦

↓

动力

【专栏】 心理健康维护法⑥

库珀式呼吸法（连续式腹式呼吸法）

美国的库珀（译注：Kenneth H. Cooper）博士长期致力于研究如何有效地吸入氧气，让身体机能最大限度地发挥活力的方法，并最终发明了众所周知的“有氧运动”。对于剧烈活动身体有困难的人，只要进行下面的腹式呼吸法，也能达到有氧运动的效果。

1. 站立着，双手贴于腹部。(感觉把肚脐包围住)
2. 从腹部开始运气，大声响亮地连续“啊，啊，啊……”地发声。

每次吐气时收缩腹部，吸气时放松腹部。练习能坚持做到 1 分钟。

第7章

即使这样做还是出现员工心理不适的话

7-1

注意“征兆”和“倾向”的区别

心理不适并不是突然间产生的。我们的心会一点点地发生变化，到了某个时间就会出现明显的变化。我们很难察觉内心的点滴变化，不是没注意到就是没引起重视，但压力确实是在一点一点堆积起来的。要是置之不管的话，终究有一天会承受不住，一下子爆发出来。心理承受不住压力的现象就如同水杯中的水，超过了容量就会溢出来。而在此之前肯定发生着点点滴滴的变化。员工的工作态度和工作表现就是变化的信号。所以我们一定不能忽视这种信号。

此时，我们还得注意不要混淆了“征兆”和“倾向”的区别。

●倾向是指个人固有的行为特征。比如性格上沉默寡言的人、沉着稳重的人、小心谨慎的人等。沉默寡言的人本来就是不爱说话的，这就不能算是“忧郁”的症状。

●征兆是指压力引起的心理不适的前兆。原本沉默寡言的人要是变得对周围的事物漠不关心、毫无反应的话，这种变化就是“心理不适的前兆”。

因此，关键是要切实把握员工的日常行为。当发觉某个员工跟平常不太一样的时候就不能疏忽大意。当员工出现以下的变化时，那就有心理不适的嫌疑了。

①反应迟钝

②无论做什么事都行动缓慢

③身边的整理整顿工作以及清扫工作越做越差

④自言自语的行为变多。虽然很小声，但周围的人会发觉他总在叹气

⑤疏忽大意的失误增多。忘记检查工作，定期报告也不做了。

关键是要切实把握员工的日常行为

要经常确认和日常行为的异同

心理不适的征兆测试

要是有以下几种征兆的话，那就有心理不适的嫌疑了：

○反应迟钝。即使跟他打招呼也没反应。看上去似乎无视周围。

○ 无论做什么事都行动缓慢。迟到现象增多，还经常休息。总是摇头叹气，有时又总东张西望的，迟迟不能开始行动。

○ 身边的整理整顿工作以及清扫工作越做越差。

○ 自言自语的行为变多。虽然很小声，但周围的人也会发觉他总在叹气。

○ 疏忽大意的失误增多。忘记检查工作，定期报告也不做了。

倾向 or **征兆**

倾向

指个人固有的行为特征。比如性格上沉默寡言的人、沉着稳重的人、小心谨慎的人等。
沉默寡言的人本来就是不爱说话的，这就不能算是“忧郁”的症状。

征兆

指压力引起的心理不适的前兆。原本沉默寡言的人要是变得对周围的事物漠不关心、毫无反应的话，这种变化就是“心理不适的前兆”。

7-2

心理不适人员的特征

有时候甚至连本人都没有意识到自己已经心理不适了。当然，即便有些小“征兆”，但本人觉得并没有什么大不了的，于是就不当回事。虽然有时候会有些异常反应，但当事人仍坚称自己没事，周围的人也很难察觉到。心理不适患者的特征有以下几点，注意一定不要看错。当发现员工的行为符合以下几点特征时，就要上前去询问最近的状况。以便正确地指出解决方案。

①极端地表现出清洁感，过度地勤洗手。虽然看上去很爱干净的样子，但工作制服脏了也不介意，每天都穿同一件衣服。

②频繁地上厕所、休息，并且每次时间都很长。

③对于工作的不满变多。总是否定、批判、消极地看待现状，抱怨：“以前都是这样做的，要是一直这样做就好了。”会经常提议按照以前的方法工作。

④虽然休息前及休息时总是调整呼吸或自我激励地说些“我还能继续。没问题的”之类的话，但却迟迟不开始工作。办公桌上的文件堆积如山，摆得杂乱无章。

⑤记忆变模糊，虽然经常被指出讲错话或者认识错误，但能坦诚改正。觉得做笔记很麻烦。本该完成的事却都没做。

轻松识别忧郁症特征的秘诀

心理不适人员的特征对照

当发现员工的行为符合以下的特征时，就不能置之不理，要去询问员工的近况。

①极端地表现出清洁感，过度地勤洗手。虽然看上去很爱干净的样子，但工作制服脏了也不介意，每天都穿同一件衣服。

②频繁地上厕所、休息，并且每次时间都很长。

③对于工作的不满变多。总是否定地、批判地、消极地看待现状，抱怨："以前都是这样做的，要是一直这样做就好了。"会经常提议按照以前的方法工作。

④虽然休息前及休息时总是调整呼吸或自我激励地说些："我还能继续。没问题的"之类的话，但却迟迟不开始工作。办公桌上的文件堆积如山，摆得杂乱无章。

⑤记忆变模糊，虽然经常被指出讲错话或者认识错误，但能坦诚改正。觉得做笔记很麻烦，本该完成的事却都没做。

这个阶段就需要确认是否已经心理不适了

征兆 → 特征

虽然有时候会有异常反应，但当事人不认为自己有病，坚称自己没事，很健康。

但实际上……

已经心理不适

通过早期发现，早期处理实现早日康复

7-3

强化与各机构间的合作体制

心理健康管理需要全社会的共同配合。虽然最近共同应对心理健康问题的意识已很好地渗透到了各行各业，但实际上的合作有时候并不是非常理想。对于如何帮助心理不适的部下，这不仅仅是上司一个人的课题，还需要充分活用公司内外的各种支援体制。

要是部下突然提交“忧郁症”的诊断证明书，你会怎么办呢？最好是能立即做出应对措施。但要是上司表现得惊慌失措，或忽视对该部下的处理，或硬是强迫部下提起精神的话，非但不能解决问题，还会使部下的病情进一步恶化。最后上司本人也会不堪重压。

所以，不能让上司单独应对心理不适的员工，需要联络部下的家人及同事询问当事人的近况。在公司内部要形成人事劳务担当、行业医师、行业保健员相互合作的体制。此外，还要充分利用公司外部资源，如EAP（员工帮助计划）机构、健康保险协会、企业外部劳动卫生机构（劳动局等）、专业医疗机构（主治医师等）等，完善相互间的合作与咨询制度。

千万不要等到员工拿出诊断证明书后才意识到员工出现了心理疾病，而是要通过日常和以上机构的合作，做到尽早发现，为员工提供能够轻松咨询的环境。另外，还要充分保护员工的个人隐私。

活用公司外部机构

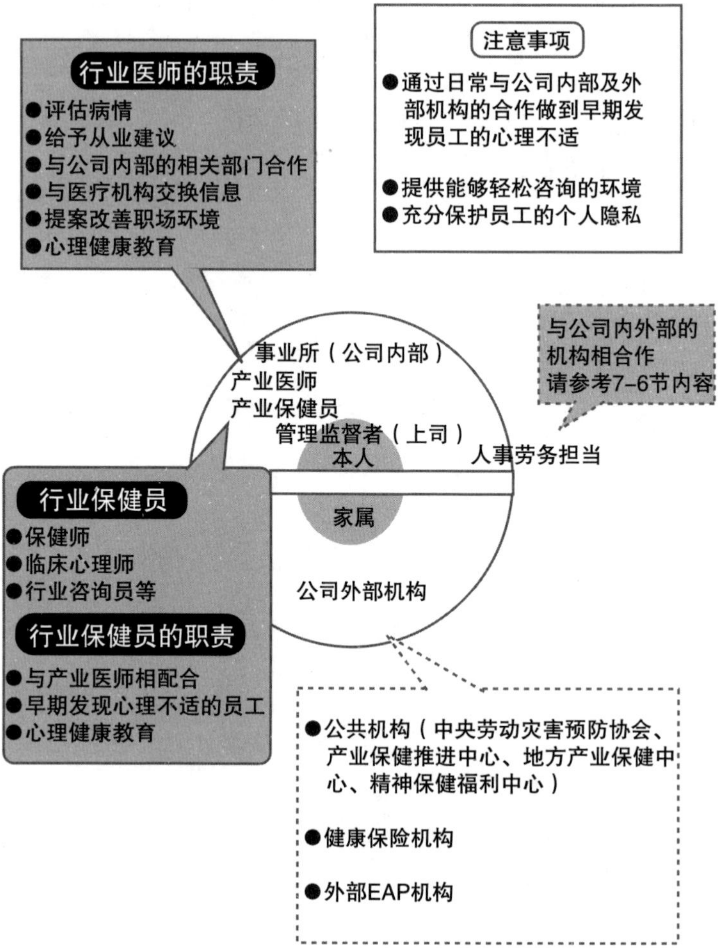
注意事项
●通过日常与公司内部及外部机构的合作做到早期发现员工的心理不适
●提供能够轻松咨询的环境
●充分保护员工的个人隐私
行业医师的职责
●评估病情
●给予从业建议
●与公司内部的相关部门合作
●与医疗机构交换信息
●提案改善职场环境
●心理健康教育
与公司内外部的机构相合作请参考7-6节内容
事业所（公司内部）
产业医师
产业保健员
管理监督者（上司）
本人
人事劳务担当
家属
公司外部机构
行业保健员
●保健师
●临床心理师
●行业咨询员等
行业保健员的职责
●与产业医师相配合
●早期发现心理不适的员工
●心理健康教育
●公共机构（中央劳动灾害预防协会、产业保健推进中心、地方产业保健中心、精神保健福利中心）
●健康保险机构
●外部EAP机构

7-4

员工无故缺勤时要立即电话联系

对于心理不适的员工，关键是要做到早期发现。为了不掉以轻心，就必须切实把握员工的日常行为模式及现状。特别是当员工的时间观念变得松懈时，千万不能疏忽大意。比如最近迟到现象变多，或手上并没有要紧的工作也待着不想回家等。

当员工无故缺勤时可以先等待员工的主动联系。要是一直都没联系的话，那么下午就要主动打电话确认情况。当与员工本人取得联系时就要详细询问员工的状况。但是需要注意如果用盘问或追问的口吻来问对方，让员工觉得上司在批评自己的话，到头来员工就只会表面上道歉并找些借口来应付了事。所以首先应该说点像“你从来都没有过不打招呼就休假的情况，所以我很担心你”这样的问候之言再询问员工的状况。视情况上司可以向员工推荐心理咨询师：“我和专家都在，我们找个机会慢慢聊吧。”要是突然就向员工推荐心理咨询师的话，可能会给员工的心理造成冲击。所以关键是要表达对员工的同情，并让员工感到有什么话都可以跟上司讲，让员工安心。但是如果员工和上司关系不融洽的话，这么做就会造成反面效果。这种场合只需告诉对方有专业的医生可以提供咨询即可。并且上司也需要去咨询行业保健员。要注意不要因为上司的个人价值观影响对员工客观地评价。

如果员工是独自生活，就需要向其家属或朋友确认员工的近况。当联系上本人时要征得本人的同意，以免产生不必要的误解。

关键是要做到早期发现，早期处理

无故缺勤

上午 → **下午**

等待联络

上司的应对顺序

1.等到下午员工都没联系时，就要主动打电话询问状况

2.让员工感到有什么话都可以跟上司讲，让员工安心

3.表示同情

4.咨询行业保健员

5.注意不要因为上司的个人价值观影响对员工客观地评价

6.如果员工是独自生活，要向其家属或朋友确认员工的近况

7.多创造与员工交流的机会

→ **与行业保健员的合作很重要**

上司要及时向行业保健员报告出现心理不适的员工，并商量今后的对策

注意说话的方式

- 不要一上来就批评对方
- 先问候对方“从来都没有过不打招呼就休假的情况，所以我很担心你。”
- 询问对方状况时，不要用盘问或追问的口吻
- 不要把自己的价值观强加给员工
- 告诉员工可以轻松咨询上司或公司内的行业保健员
- 向其家属或朋友了解情况时，需要首先获得员工的同意

7-5

上门访问确认情况

上司需要个别关照心理不适的员工。如果员工无故缺勤且电话联系不上的话，就要在当日直接上门访问。如果电话能联系上的话，就要在了解完情况后再判断之后的应对措施。无论哪种情况都需要直接确认并客观地收集信息。

首先要确认是否明白员工的讲话内容。上司表达了担心之情后，如果员工解释道："对不起。昨晚遇见了久违的朋友就一起喝到了半夜，睁眼时已经中午了……"或"宠物狗遭遇车祸死了……"之类的话，便可以判定"明白"员工的解释。当然，由于个人价值观的差异不能接受员工的解释就另当别论了。但如果员工这样解释道："我的处理方式绝对没有问题，但顾客还是退货了。我觉得自己被捉弄了。现在已经没有自信再去工作了。好想死啊"的话，即便想要理解员工的讲话内容，但员工的想法太过极端、逻辑太过跳跃，这种情况可以判定为"不明白""很奇怪"。当正常思考员工的讲话内容却无法理解时，就不得不怀疑员工心理已经出现了问题。此外，如果感到员工内心不安或情绪不稳时，就要在两三天内直接上门访问。这是为了判断具体的应对措施。

要是员工有旷工或偷懒的习惯的话，这种情况就不能按照带薪休假来处理。绝不能纵容员工这种不负责任的行为，但也有可能另有内因。所以要找机会与员工多交流。

关键是要客观地收集信息

无故缺勤

→ 电话联系不上本人时 —**家庭访问**→

直接上门访问
客观地收集信息

→ 电话联系上本人时

★理由是？ “明白”
比如“对不起。昨晚遇见了久违的朋友就一起喝到了半夜，睁眼时已经中午了……”
“宠物狗遭遇车祸死了……”

★理由是？ “不明白”
“我的处理方式绝对没有问题，但顾客还是退货了。我觉得自己被捉弄了。现在已经没有自信再去工作了。好想死啊！”
想法太极端，逻辑太跳跃

→ **心理不健康的嫌疑** → 直接上门访问

★如果本人有旷工或偷懒的习惯的话……

× 不能按照带薪休假处理
绝不纵容这种不负责任的行为
找机会与他多交流

7-6

向人事部门报告

上司最好事前与人事部门进行沟通，做好疏通工作。当发觉员工日常行为不太对劲时，就要在员工被确定为心理不健康之前与他沟通。首先可以非正式地询问员工的状况，这样一来也能从人事部门获得一些启发。上司在员工提交请假申请前就要与他联系。要告诉员工人事部门不仅只是评价员工的部门，同时也是管理员工健康问题的部门。要让员工明白，有事不要一个人独自烦恼，可以放心地向人事部门咨询，得到合适的应对。上司可以首先让员工休息再考虑下一步应对措施。

关于心理健康维护工作，人事部门具有以下几点职责。这是因为心理健康与生产配置、人事变动以及工厂的组织结构密切相关。

①支援并指导上司（管理监督者）应对心理不健康的员工。

②当行业保健员不在或公司里没有配备行业保健员时，人事部门就要代其承担咨询工作。

③建议心理不健康的员工接受专业心理医生的治疗，做好与行业保健员及公司外部支援机构的合作工作。

④准确把握员工的迟到、早退、缺勤、加班时间、带薪休假等出勤情况，正确评估员工的心理健康状况。

⑤与现场领导交换信息，切实把握繁忙期、闲暇期、新人到来时、退职员工较多时的职位分配及调动的情况。

⑥实施员工心理健康状况调查，做好解决方案的计划、实施、评价以及改善工作。

人事部门的职责

- 发现员工变化时，在被确认为心理不健康前与其沟通
- 非正式地询问员工的状况
- 在员工提交请假申请前就主动联系员工
- 首先确定让员工休息的方针

人事部门担当的职责

①支援并指导上司（管理监督者）应对心理不健康的员工。

②当行业保健员不在或公司里没有配备行业保健员时，人事部门就要代其承担咨询工作。

③建议心理不健康的员工接受专业心理医生的治疗，做好与行业保健员及公司外部支援机构的合作工作。

④准确把握员工的迟到、早退、缺勤、加班时间、带薪休假等出勤情况，正确评估员工的心理健康状况。

⑤与现场领导交换信息，切实把握繁忙期、闲暇期、新人到来时、退职员工较多时的职位分配及调动的情况。

⑥实施员工心理健康状况调查，做好解决方案的计划、实施、评价以及改善工作。

7-7

多与患者本人和家属沟通

员工如果变得无法融入团队，且工作能力明显下降的话，就要建议他去专门的医疗机构就诊。要明确告诉员工让其就诊的理由，比如担心他的健康状况，或者工作上大家都很为难，所以建议他去看看医生等。如果不明说的话，员工本人可能就体会不到上司的用心。当然，重要的是不能责怪员工，要让员工知道大家都很关心他。如果员工拒绝就医，就要联系其家属，让他们了解情况。如果员工家属不愿意配合的话，就要由能理性判断情况的亲戚来说服员工的家属。

当员工被确诊为心理疾病后，就要让他专心接受治疗。需要让他暂时放下工作好好休养。同时还要告诉员工家属忧郁症都有哪些言行特征，以及日常生活中需要注意的事项。

●忧郁症的言行特征：沉默寡言、面无表情、经常唉声叹气；有气无力地走路；说话声音小；没有食欲；总是担心这个担心那个，无法集中注意力；早上不起床，晚上不睡觉；

无法舒适地泡澡，抗拒洗头；多数时间闷在家里。

●家属需要注意的事项：不要让患者一个人独处，总有人陪伴；确定他每天都按时吃药了；劝他多出去走走，散散步；鼓励他多做自己喜欢做的事；当他的态度等发生变化时，要记录下来，并及时告诉主治医生；就算没有反应也要多跟他说话，常常赞许他；长话短说；无论什么事都不要勉强。

说明理由，建议就医

忧郁症的言行特征

建议接受医疗机构的诊断

· 无法融入团队
· 工作能力明显下降

沉默寡言、面无表情、经常唉声叹气；
有气无力地走路；
说话声音小；
没有食欲；
总是担心这个担心那个，无法集中注意力；
早上不起床，晚上不睡觉；
无法舒适地泡澡；
抗拒洗头；
多数时间闷在家里

★明确说明理由
★不要责怪对方
★关怀员工
“担心你的健康状况，所以才考虑让你就医诊断。”
“工作上大家都很为难，所以建议你去医院看一下。”

OK → 就诊

NO → 家人说服

家人说服 → NO → 亲属说服 → 家人说服

家人说服 → OK → 就诊

家属需要注意的事项

- 不要让患者一个人独处，总有人陪；
- 确定他每天都按时吃药了；
- 劝他多出去走走，散散步；
- 鼓励他多做自己喜欢做的事；
- 当他的态度等发生变化时，要记录下来，并及时告诉主治医生；
- 就算没有反应也要多跟他说话，常常赞许他；
- 长话短说；
- 无论什么事都不要勉强。

7-8

多与医生沟通

最需要预防的危急情况就是患者自杀。员工自杀不仅会对家人造成巨大伤害，也会给上司及同事造成巨大的心理冲击。此外，如果被认定为过劳死的话，就有可能牵扯到民事诉讼，给公司造成影响。当然，根本目的还是为了员工本人好，我们要防止他做出伤害自己的行为。但是忧郁症患者往往会突发地想自杀。所以要是发现患者表现出以下暗示自杀的迹象时，就要让他立即接受精神科医生的治疗。

○说“想死”“活着也没什么意思”“自己还是消失了好”之类直接暗示的话。

○说“想变轻松”“想去远方”“已经受不了了”之类间接暗示的话。

○说“无法思考”“很恐慌”“完全不知道自己该怎么办”之类的话来表达自己强烈的困惑。

○说“我这个样子是无法回去工作了”“要是回不去公司

就只好辞职了”之类的话来深刻表达自己的窘境。

○留下遗书就失踪了，或者反复自杀未遂。

另外，就算没有出现危急情况，在接受治疗时也不能让患者随心而为，要听从医生的意见。同时可以去咨询行业保健员，得到相应的指导。还要经常让行业医师或主治医师确认员工的状况，听取多位医生的诊断并综合整理。一定要咨询医生的意见来确保最优的治疗方案。

综合多位医生的意见

整理多位医师的诊断意见

⬇

咨询医生的意见来确保最优的治疗方案

要点! 让非理性思考转变为理性思考，注意让患者冷静、客观地思考问题

暗示自杀的迹象

- 说“想死”“活着也没意见”“自己还是消失了好”之类直接暗示的话。
- 说“想变轻松”“想去远方”“已经受不了了”之类间接暗示的话。
- 说“无法思考”“很恐慌”“完全不知道自己该怎么办”之类的话来表达自己强烈的困惑。
- 说“我这个样子是无法回去工作了”“要是回不去公司就只好辞职了”之类的话来深刻表达自己的窘境。
- 留下遗书就失踪了，或者反复自杀未遂。

7-9

职场报告

当职场出现心理不健康的员工时，为了不让其他员工胡思乱想、随意揣测，上司有必要进行简要的情况汇报。但是不要透露患者现在的病状以及所患的疾病。另外还要告诉大家如果员工复工了，也要本着重视健康、休养第一的原则多关照其本人。

要特别注意不要对患者本人抱有偏见，也不要因为此事造成工作环境不安，影响其他员工的工作热情。为了预防这种情况的发生，需要注意以下几点。

①不要当成特别事件来处理，而是要让大家明白就像谁都会感冒一样，患者只不过是“心理感冒”了，所以当作普通事件处理即可。

②实际上采取个别应对的方式。按照公司及组织全体对于员工的心理健康管理方针来处理。

③制定随时都能轻松咨询的体制。咨询员可以是直属上

司，也可以是行业保健员，还可以是公司外部的 EAP（员工帮助计划）咨询员。要做到员工能自由选择咨询对象。

④可以简单介绍患者的情况，但具体内容要保密。充分保护员工的个人隐私。

⑤维护员工的心理健康并非短时间的工作，需要在整个公司长期实施下去。要制订完整的计划、实施方案及改善方案。

公布公司关于维护员工心理健康的方针

不要让工作环境充满不安气氛，影响健康员工的工作热情

作为公司的方针需要宣布的事项

①不要当成特别事件来处理，而是要让大家明白就像谁都会感冒一样，患者只不过是“心理感冒”了，所以当作普通事件处理即可。

②实际上采取个别应对的方式。按照公司及组织全体对于员工的心理健康管理方针来处理。

③制定随时都能轻松咨询的体制。咨询员可以是直属上司，也可以是行业保健员，还可以是公司外部的EAP（员工帮助计划）咨询员。要做到员工能自由选择咨询对象。

④可以简单介绍患者的情况，但具体内容要保密。充分保护员工的个人隐私。

⑤维护员工的心理健康并非短时间的工作，需要在整个公司里长期实施下去。要制订完整的计划、实施方案及改善方案。

保护员工隐私

7-10

员工心理状态的跟进工作

工作环境中充斥着不安与不信任感是因为缺乏正确的知识。虽然现在大家对于压力都有一定的了解，但是员工往往对于组织的应对，以及眼前出现了员工心理不适的实际应对表现得没有自信，惊慌失措。这正是由于员工对于应对措施一知半解，不了解具体的实践方法。因此，有必要定期举行心理健康维护的培训或者心理咨询的学习会，从而正确指导员工。在进行教育培训时需要注意以下几点。

①根据对象（阶层）分别考虑

员工、领导、现场管理监督者、厂长及企业管理者，由于阶层不同所以职责也不相同，因此需要学习的内容也就不尽相同。

②明确培训目的

对于员工及新任领导而言，自我维护的培训必不可少。这是为了让员工学会调节压力，从而达到预防心理疾病的目的。

对于管理监督者而言，不仅要学习自我维护，还要善于发现员工的心理不适，掌握日常工作中和部下的沟通技能，并且还要学习如何应对心理不适的员工。

③明确培训内容

自我维护：包括压力的影响及应对办法，简单的舒缓方法以及咨询制度等。

对部下的心理健康维护：包括注意事项、心理疾病的知识和应对措施、面谈的方法等。

进行心理健康教育培训时的要点

心理健康教育培训

为了防止职场里充斥着不安与不信任感，我们就要掌握正确的知识。

① 根据对象（阶层）分别考虑

员工、领导、现场管理监督者、厂长及企业管理者，由于阶层不同所以职责也不相同，因此需要学习的内容也就不尽相同。

② 明确培训目的

对于员工及新任领导

→自我维护的培训
这是为了让员工学会调节压力，从而达到预防心理疾病的目的。

对于管理监督者

→自我维护 +对员工心理健康的维护
善于发现员工的心理不适，掌握日常工作中和部下的沟通技能，并且还要学习如何应对心理不适的员工。

③ 明确培训内容

自我维护

包括压力的影响及应对办法，简单的舒缓方法以及咨询制度等。

对部下的心理健康维护

包括注意事项、心理疾病的知识和应对措施、面谈的方法等。

7-11

经常与患者家属交流信息

根据医生的诊断由于患者心理不适需要停职休息时，那么首先就要对患者做好为期大致 3 个月的细心呵护。在此期间要经常联系患者的家属确认以下内容。

- 把握患者的情况：询问患者的日常情况及变化，了解有没有轻生的念头。

- 询问医生的诊断报告：了解主治医师的诊断及建议，并确认治疗进展。同时也要把握家属与行业保健员及人事劳务担当的联络状况。

- 关怀家属：了解家属的应对困难，倾听家属的烦恼与不安，努力减轻他们的压力。不要只谈论患者的治疗情况，还可以向家属介绍公司的应对措施及保障制度，如患者的工作该如何是好、能休息多久、能否复职等，从而让家属放心。

- 给家属提供建议：要让患者充分休息，直至完全治好。当患者的病情多少有些改善时，本人及家属就会急于希望复职。但此时还是要让患者安心养病，不要让治疗半途而废。

- 说明公司的制度：向患者家属说明公司的制度和应对措施，从而让患者本人及其家属放心。比如公司与行业保健员及医师合作为患者复职做了哪些准备工作；保证患者能回到之前的工作岗位；不会让康复员工立即恢复到正常的工作状态，可以先试着上班（不付工资的康复出勤制度）、错开时间上班或者允许早退等。

要让患者家属放心

上司的联络

- 询问家属的压力状况
- 询问家属的不安和疑问
- 明确说明公司的制度
- 说明公司的应对措施及保障制度
- 让患者充分休息，直至完全治好。不让患者立即复工，以免导致旧病复发
- 说明公司的制度：
  包括公司为员工复职做了哪些准备工作；保证员工能回到之前的岗位；不会让康复员工立即恢复到正常的工作状态，可以先试着上班（不付工资的康复出勤制度）、错开时间上班或者允许早退等

家属的报告

- 患者的日常情况及变化，有没有轻生的念头
- 主治医师的诊断及建议
- 治疗进展
- 与行业保健员及人事部门的联络状况
- 对员工公司的疑问：比如患者的工作该如何处理、能否复职等

7-12

员工复职支援的要点

作为企业对于员工心理健康维护对策的一环，公司需要有组织地开展员工复职支援。首先员工要表达复职的意愿，同时主治医师也同意员工复职，并为其开具复职诊断书。根据医生的诊断，管理监督者及行业保健员开始制定员工复职支援方案，并确认本人的复职意愿以及健康状况。公司最终决定是否让该员工复职。

● 员工健康状况的确认要点

确认包括作息是否规律、白天是否会犯困、是否具有一定的集中注意力等内容。这些是判断员工能否在上班高峰期独自安全地上班，是否具有充足的体力和精力认真工作的依据。

● 复职人员的行为倾向

复职人员会表现出积极和消极两种行为倾向。消极倾向包括：喜欢依赖他人；让人觉得很安静、很脆弱，轻易就会放弃；具有反抗意识；爱狡辩；拘泥于眼前的事物等。积极倾向包括：过于积极；成长欲望旺盛等。

●复职后本人健康状况的跟进要点

让员工从能耐心做的工作开始做起，不要强求于他，这样就能让他安心。不要总是小心翼翼地对待他。可以传达对他的期望之意。告诉他同事们都很期待他回来工作，让他意识到同事们都在身边，自己不会孤独。

完善员工复职支援体制

员工复职支援的跟进工作

步骤1 ●提交康复诊断书
●上司及行业保健员给予照顾

步骤2 ●主治医师判断能否复职工作
●确认本人复职工作的意愿

步骤3 ●上司判断员工可否复职
●制定员工复职支援方案

步骤4 ●公司最终决定同意员工复职

复职工作

步骤5 ●员工复职工作后的健康跟进

★确认本人的健康状况
→判断可否复职的依据
●作息是否规律
●白天是否会犯困
●是否具有一定的集中注意力：能否在生产高峰期独自安全地工作、是否具有充足体力和精力认真工作的判断依据。

复职人员的行为倾向

●消极倾向：
喜欢依赖他人；让人觉得很安静、很脆弱，轻易就会放弃，具有反抗意识；爱狡辩；拘泥于眼前的事物等。
●积极倾向：
过于积极；成长欲望旺盛等。

●让员工从能耐心做的工作开始做起，不强求于他，从而让他安心。
●不要总是小心翼翼地对待他，可以传达对他的期望之意。
●告诉他同事们都期待他回来工作。
●让他意识到同事们都在身边，自己不会孤独。

参考资料

关于员工复职支援的信息收集及评价要点

关于可否复职工作，需要从劳动者本人及相关人士那里收集必要的信息，并从多角度进行评估后再做综合的判断。对于信息的收集，要充分保护劳动者的个人隐私。

信息收集及评估的具体内容如下所示。

（1）确认劳动者的复职意向

A. 确认劳动者的复职意向及工作欲望

B. 同意复职支援方案的内容

（2）由行业医师等向主治医师收集意见

仅根据诊断书的内容来开展员工复职支援工作有困难时，就需要行业医师在征得员工本人的同意后就有关内容积极地向主治医师咨询意见。此时，主治医师需要填写《关于员工复职支援的信息提供依赖书》（见后文），在充分保护员工个人隐私的基础上再交换信息。

（3）评价员工的健康状态等

A. 确认治疗情况及病情恢复情况

（a）确认今后有无必要继续接受治疗以及现在的治疗情况

（b）是否会出现影响工作的症状、药物是否有副作用

（c）治疗期间的生活状况

（d）对于员工复职需要注意的其他事项

B. 对于工作能力的评价

（a）作息是否有规律

（b）白天是否会犯困

（c）集中注意力的程度如何

（d）能否安全地上下班

（e）必要的工作（阅读，电脑操作及轻度的运动等）实施情况以及工作疲劳的恢复情况。

（f）家庭作业等其他进展情况

C. 劳动者对于今后的工作想法

（a）希望复职的岗位

（b）工作上希望得到关照的内容及期限

（c）对于管理监督者、人事劳务管理员、公司内部行业保健员的其他意见及要求（包括职场问题的改善、工作体制的变更以及健康管理上的支援方法等）

D. 家属提供的信息

根据需要，收集员工的家庭生活状况（包括病情的改善程度，饮食、睡眠等的生活习惯等）的信息。

（4）职场环境的评价

A. 对于工作及环境的适应性

（a）员工对于工作的能力、热情及兴趣的适应性

（b）生产现场的人际关系等

B 关于工作管理、工作环境管理的评价

（a）工作量（作业时间、作业密度等）和质（要求度、难度等）的作业管理状况

（b）作业环境的维护及管理状况

（c）对于临时变动及突发事件的应对状况

C. 公司的支援准备状况

（a）支援员工复职的工作氛围以及关于心理健康维护的理解程度

（b）工作上能照顾的内容（工作内容及工作量的变更，就业限制等）

（c）人事劳务管理上能照顾的内容（部门的转换、变动，工作制度的变更等）

（5）其他事项

研究其他对于员工复职支援的必要事项。另外，整理可

能阻碍员工复职的问题因素，如关于治疗的问题点、员工的行为特点、家属的支援状况等，并考虑相应的支援方案。

（注：出自日本厚生劳动省发布的“由于心理健康问题停工的劳动者复职支援指南”）

参考资料

关于员工复职支援的信息提供委托书（行业医师→主治医师）的示例

年　　月　　日

关于员工复职支援的信息提供委托书

医院

诊所　　　大夫

邮编

〇〇股份有限公司

〇〇部

行业医师

印

〇〇〇电话

在支援下述1处所示的员工复职之际，希望医师用任意形式的文书提供下述2处所示的信息及意见。

医师所提供的信息仅用于支援该员工复职。行业医师将在充分保护员工个人隐私的基础上负责管理医师提供的信息。

今后也请医师理解并配合本公司的健康管理活动。

记

1 从业人员

姓名　〇〇〇　（男·女）

出生日期　　　年　　月　　日

2 需要提供的信息

（1）从发病到初诊的经过

（2）治疗过程

（3）现在的状况（包括是否会出现影响工作的症状以及药物是否有副作用等）

（4）复职意见（为了防止旧病复发必须注意的事项等）

（5）__________

（6）__________

（7）__________

（主治医师填写）

本人受贵公司所托，同意把相关信息做成文书并交给行业医师。

年　　月　　日　　　　姓名　　　　　　　　印

（注：出自日本厚生劳动省发布的“由于心理健康问题停工的劳动者复职支援指南”）

参考资料

制定员工复职支援方案时需要考虑的内容

当允许员工复职后，公司就要制定具体的员工复职支援方案。通常情况下需要设定几个阶段来观察员工的工作状态，让员工循序渐进地恢复到原来的工作状态。在制定方案时，需要根据不同的阶段来设定具体的内容及期间。要让员工充分理解只要切实履行方案就能长期、稳定地工作下去。同时还要注意不能只按照员工的意愿来制定方案。

在制定员工复职支援方案时需要考虑的内容如下。

(1) 复职日期

复职日期需要根据员工的健康状态以及公司的准备情况来综合决定。

(2) 管理监督者对于员工工作上的关照

a 工作支援的内容及方法

b 工作内容及工作量的变更

c 工作限制（限制或禁止加班、轮班工作及深夜工作等，缩短工作时间）

d 治疗上需要关照的其他事项（允许外出治疗）等

(3) 人事劳务管理上的应对

a 部门转换、变动的必要性

b 工作制度变更的必要性，如采取弹性工作时间制度或自由支配劳动制度等

(4) 行业医师从医学角度给予的意见

a 对于安全健康方面的意见

b 对于员工复职支援，从医学角度给予的其他意见（如果公司没有行业医师时，可遵照主治医师的意见）

(5) 后续跟进

a 监督管理者的跟进方法

b 公司内产业保健员等的跟进方法（员工复职后的面谈实施办法等）

c 调整工作限制的合适时机

d 解除工作上所有的关照及医护观察的预计时期

(6) 其他事项

a 复职时，员工需要自主负责的事项

b 当公司存在康复出勤制度等时，可以考虑使用

c 考虑使用公司外部资源提供的员工复职支援方案等

最终决定员工可以复职<第四个阶段>

在征询多方意见判断员工可否复职以及制定员工复职支援方案后，公司最终决定是否允许该员工复职。此时，如果公司里有行业医师的话，那么就需要行业医师与相关部门确认具体的内容，并填写《员工复职意见书》（见后文）。

（注：出自厚生劳动省发布的“由于心理健康问题停工的劳动者复职支援指南”）

员工复职意见书（行业医师→人事劳务负责人）的示例

年　月　日

人事劳务负责人：

员工复职意见书

〇〇公司

行业医师　　　印

<table>
<tr><td rowspan="2">公司</td><td rowspan="2"></td><td rowspan="2">部门</td><td rowspan="2"></td><td>员工号</td><td>姓名</td><td rowspan="2">男・女</td><td rowspan="2">年龄　岁</td></tr>
<tr><td></td><td></td></tr>
<tr><td colspan="4">目　的</td><td colspan="4">（首次・变更・解除）</td></tr>
<tr><td colspan="3" rowspan="2">关于复职意见</td><td colspan="5">可否复职　可　附带条件　不可</td></tr>
<tr><td colspan="5">意见</td></tr>
<tr><td colspan="4">工作上的措施（允许复职或允许有条件地复职时）</td><td colspan="4">・加班（禁止・限制小时）　・轮班工作（禁止・限制）
・周末加班（禁止・限制）
・缩短工作时间（迟来・早退　小时）
・出差（禁止・限制）　・转换工作内容
・部门转换、变动
・其他事项：
・今后的预期：</td></tr>
<tr><td colspan="4">面谈实施日期</td><td colspan="4">年　月　日</td></tr>
<tr><td colspan="4">以上措施执行时期</td><td colspan="4">年　月　日～　年　月　日</td></tr>
</table>

（注：出自日本厚生劳动省发布的“由于心理健康问题停工的劳动者复职支援指南”）

【专栏】 心理健康维护法⑦

波动放松法（利用1/f波动的放松法）

现代化的工厂里云集着各种尖端技术的机器。虽然看上去很先进，但如果一天到晚只跟机器打交道的话，人就容易变得冷漠。这样便难以觉察压力。因此，有必要多和人互动，保持接触对象的平衡。

1/f波动是自然界中能让我们感到放松的律动和波形。通过偶尔感触跃动的生命力，如欣赏名曲、名画，感受江河的波涛拍岸，聆听溪水潺潺、鸟儿鸣叫，赏花种花，眺望明月星光及风云变幻等就能感受到非机械的律动。这样就能让我们从机器的烦闷中释放出来。

第 8 章

进一步提高生产效率、提升技能的心理方法

8-1

总论：充满活力的工厂是这样的

压力就像是人生的调味剂，我们应该积极地看待它。没有压力的职场、工厂及人生不会有任何的刺激，毫无乐趣。当然，我们有必要调整可能致病的过重压力，保持良好的身心状态。但如果把压力消除得一干二净的话，我们也活跃不起来。因此，我们要积极面对压力，把压力转化为动力（适度的紧张状态）。

充满活力的工厂有能够把压力转化成动力，使得工作环境轻松愉快，生产效率高。这种活力感其实是由员工共同努力创造出来的。因此，要努力把人的特性和工厂的机能有机地结合起来，设法让工厂实现：①大家共享成果；②有成果就有奖励，有努力就会有表扬；③时常感到成果在日益丰厚。

另外，如果员工能掌握具体的放松方法的话，就会起到“如虎添翼”的效果。首先，学会自我心理维护就能避免发生由于疏忽心理不适的迹象而被突然诊断为忧郁症的情况。这不仅可以应对暂时性的压力，对于长期面对压力的现代人的身心健康来说也是非常有益的。放松就是发泄掉多余的力气，松弛身体，从而让身心发挥正常的机能。同时还要有意识地消除过度的紧张，降低到适度紧张的状态即可。要做到随时随地都能自由控制放松身体，让身体彻底松弛下来（得到自我松弛感）。

积极面对压力

创造充满活力的工厂

努力把人的特性和
工厂的机能有机地结合

①大家共享成果；

②有成果就有奖励，有努力就会有表扬；

③时常感到成果在日益丰厚。

＋

压力是人生的调味品！

★不要把压力当成坏东西，要把它转化成动力

★做好自我心理维护（具体方法请参考各章后的专栏）

活力感

&

放松

自我心理维护的目的

①发泄掉多余的力气和过度的紧张

②让身心发挥正常的功能

③做到随时随地都能自由控制放松身体，让身体彻底松弛下来

8-2

创造独特的工厂文化

某家乳制品公司把蓝玫瑰当成企业标志。当然，自然界中并不存在蓝色的玫瑰。但该公司认为“我们希望通过自己的努力创造出自然界里没有的瑰丽玫瑰。牛奶本身也很美味。因此我们希望通过自己的工作创造出比牛奶还美味的乳制品”。该公司一直致力于为顾客带来幸福，为社会提供世界一流的冰激凌。该公司受到了三代人的喜爱。在欧美市场也备受欢迎的“绿茶冰激凌”就是该公司的代表产品。理念与智慧相辅相成的结果孕育了该公司的独特文化。

该工厂每天都在进行研究开发和新产品的反复实验，希望顾客能尽早享受到新产品。为了把新产品作为公司引以为豪的产品来销售，提高销售业绩，该公司确立了从工厂到销售的一条龙系统。根本上还是因为有“因顾客而繁荣”“因同事而强大”这样坚定的信念支撑着大家。

工厂需要努力让全体员工意识到，对顾客而言自己的工作是有价值的，让顾客感受到产品的优点。由于顾客的价值观和需求是多种多样的，所以就需要努力满足顾客的多样化需求。顾客群的成长及繁荣就意味着公司的成长。另外，要明确公司的成长并不是为了公司，而是为了提高每位员工的幸福感。要把“同事的努力跟自己的幸福息息相关”这种意识渗透到工厂的每一个角落，提高员工的主动性。

创造独特性

创造独特的工厂

理念 ＋ 智慧 ＝ 独特性= 独一无二

★对顾客而言，自己的工作是有价值的

★让顾客感受到产品的优点

★努力满足顾客的多样化需求

“因顾客而繁荣”
“因同事而强大”

8-3

追求工厂改革与自我革新

工厂改革就是要不断提高“技术”，而自我革新就是要磨炼技术，提高个人的“技能”。只要反复研究和实践，就能提高工厂的生产效率。有一家经营榻榻米的公司最初是从销售榻榻米开始做起的。为制作出优良品质的榻榻米，该公司不断磨炼自己的技能，并采用先进的机器来提升制造技术。现在该公司已迈向销售目标为100亿日元的全新阶段。所以要常常意识到“业务改革”。

把工厂改革与自我革新有机地结合起来，就能带来相辅相成的效果。比如在引进新设备时首先要广泛收集信息，并去实地进行考察研究。有时候甚至还需要去国外考察。接下来就算是决定了引进哪套设备，也还要判断是不是直接拿来就能用。判断的依据首先就是自己需要什么、自己的梦想是什么。关键是要自主思考希望机器发挥出什么功能来。只有自己才最清楚自己工厂的情况，别人的工厂只能当作参考。

亲力亲为，这才是革新工厂的意义所在。虽然很辛苦，却也乐在其中。只有常常打破固有模式，才能挑战工厂的改革。如果习惯了墨守成规的做事方法，就不可能取得自我革新。

为了成功实践这两种改革，需要注意以下几点。

①不要一个人单独解决问题，要发动周围的人一起来思考。

②无论对与错，都要表达自己的想法。

③日积月累，逐渐改变自己。

④行动未变则心态不变。不要依赖他人，要自己动手。

⑤坦率接受多种观点。

⑥不要把做不到的理由归结为市场及顾客的过错。

关键词是“改变”！

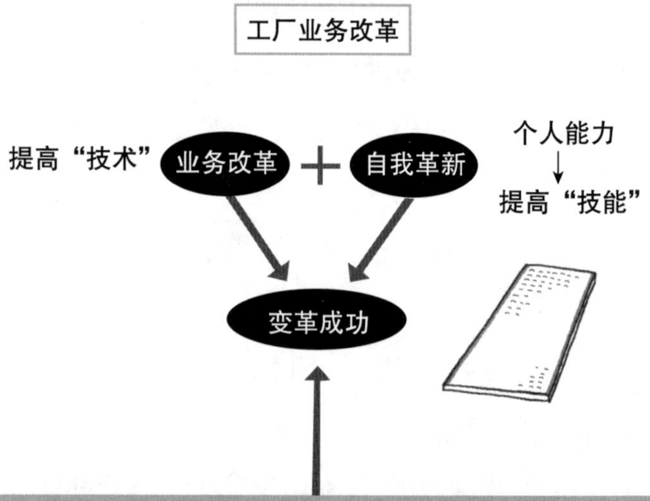

①不要一个人单独解决问题，要发动周围的人一起来思考。
②无论对与错，都要表达自己的想法。
③日积月累，逐渐改变自己。
④行动未变则心态不变。不要依赖他人，要自己动手。
⑤坦率接受多种观点。
⑥不要把做不到的理由归结为市场及顾客的过错。

8–4

培养真正的专业人员

火车站台的屋檐上如果堆积了厚厚的积雪，就会有倒塌的危险。如果各个领域的专业人员共同应对的话，就能迅速排除危险。专业人员会按照其他专家的指挥来行事，对于自己专业范围外的事也能发挥出同等的专业水平来。这样的人才可以被称为真正的专业人员。为了提高生产效率及生产技能，各工厂必须培养这样真正的专业人员。

真正的专业人员具备以下条件：

①明白某事对于个人和集体所产生的影响是不同的；

②能从他人和自己的体验中发现共同点和共同原则，并将之转化为智慧；

③忠于基本，但不会固执，能灵活运用。

在决定了要做某事时，专业人员不会考虑自己擅不擅长做这件事。真正的专业人员即便对于不擅长的工作也会认真准备，绝不偷工减料，力求尽善尽美。员工即使掌握了专业技能，如果没有充分意识到以下几点的话，也称不上专业。

①主动学习：常常思考自己学会了什么以及如何运用。学习他人的成功经验。

②积极地影响他人：经常积极地影响他人，同时也能带给自己正能量。

③心存自尊：具有自尊心，同时也尊重他人的自尊心。力争做好当下，而不是未来。

贯彻专业思想

培养专业人员

真正的专业人员所具备的条件是:

①明白某事对于个人和集体产生的影响是不同的;

②能从他人和自己的体验中发现共同点和共同原则，并能将之转化为智慧;

③忠于基本，但不会固执，能灵活运用。

专业人员应该具有的意识是:

①主动学习：常常思考自己学会了什么以及如何运用。学习他人的成功经验。

②积极地影响他人：经常积极地影响他人，同时也能带给自己正能量。

③心存自尊：具有自尊心，同时也尊重他人的自尊心。力争做好当下，而不是未来。

8-5

提高员工的素养

无添加化妆品是由一名普通员工发明的。此人性格乐观，即使多次失败也不气馁，总是照亮自己和周围的人，浑身散发着正能量。另外，他还用心地总结商品原料的配方、用量及失败的经验，将其运用到商品生产和销售战略中。目前，该公司已成为远近闻名的优良上市企业。

公司要磨炼员工的综合能力，提高员工的素养。如果领导以身作则，主动提高自身能力的话，工厂变革以及员工的自我革新都会变得容易。领导能对于各种变化采取最优的应对方案来确保生产。此外，领导还应把公司的价值观当成是自己的价值观，把经营理念及销售方针转化为具体的生产目标值，并传达给员工。

员工及领导需要具备如下资质：

①阳光：能积极向前地思考问题的人，具有坚强意志力的人，无论什么情况下都心怀希望的人。

②爽朗：善于把自己的信念传递给他人的人，能积极影响周围的人，能意识到别人如何看待自己的人。

③判断力佳：能正确认识事物、具有行动力的人，能客观、整体地看待事物的人，能努力做到自我控制的人。

关键是要“提高素养”

提高员工的素养

工厂改革、自我革新的捷径

磨炼领导和员工的能力

经营方针·经营理念

① 阳 光：能积极向前地思考问题的人，具有坚强意志力的人，无论什么情况下都心怀希望的人。

② 爽 朗：善于把自己的信念传递给他人的人，能积极影响周围的人，能意识到别人如何看待自己的人。

③ 判断力佳：能正确认识事物、具有行动力的人，能客观、整体地看待事物的人，能努力做到自我控制的人。

员工

8-6

培养全能型人才

有一家房地产公司，已经申请了破产保护，但很快又撤销了破产保护，走出了困境。这是由于销售员充分发挥并磨炼了自己的感受力。其实就是洞察顾客喜好的感受力。这位销售员一个人应对了顾客的所有需求。销售员首先充分了解了顾客的种种想法，比如土地位置的风水、房屋的风格、家人的喜好以及对于未来的展望等，然后一条龙地负责了从购地补贴到房屋设计、室内装潢、施工、选材，甚至融资及调整价格等所有工作。这位销售员充分满足了顾客的要求，并挖掘出顾客的潜在需求，成功地向顾客推荐了销售方案。正是因为这位销售员卓越的顾客感受力，才使得公司能尽早地摆脱破产的困境。

为了提高感受力，就需要亲临现场，观察顾客，接触顾客。当了解了顾客的需求后，需要做的工作通常会跨越诸多部门，且负责人也不同。但是从部分到整体哪怕有一点不能满足顾客的话，顾客也不会高兴。因此，洞察到的所有顾客需求都要逐一满足。在这种情况下最好是从整体上来把握工作。如果销售员只是做好了自己的工作就沾沾自喜的话，就容易忽视顾客的存在。自满会降低感受力。所以员工切莫轻易自我满足，要让顾客满足才会起到实质性的作用。

全能型的员工间要是能相互分享成果的喜悦的话，这就会起到相互激励的作用。这样会提高员工的感受力，做成顾客与自己双赢的买卖。

磨炼感受力

为顾客提供一条龙服务

提高感受力

1. 亲临现场，观察顾客，接触顾客
2. 不因小小的成果就有所懈怠
3. 全方位地应对顾客
4. 与同事分享成果的喜悦
5. 实现与顾客共赢

8-7

创建“目标、热情与努力”的良好机制

啤酒行业至今持续着激烈的战略竞争。这是因为一直存在着数量可观的啤酒消费者。某公司围绕着如何制造出顾客想喝的啤酒、如何销售等问题来思考，最终研发出了干啤酒，书写了啤酒行业的历史。其实该公司原本在行业内的销售情况并不乐观，但因为转变了观点就取得了成功。在干啤酒诞生前，各家啤酒公司都积极通过商品的容量、商标的视觉感以及明星代言等手段来吸引消费者。然而，发明干啤酒的这家公司却回到了战略的原点，即顾客希望喝到“爽口”的啤酒。于是该公司统一了员工的奋斗目标，希望做到被顾客赞赏和感谢的啤酒。最终干啤酒被成功研发，也创造了前所未有的销售纪录。这正是员工们热情的想法和非同一般的辛勤努力的成果。

为什么如今被称为“心态的时代”呢？因为心理不适的员工在日益增多，使得人们不得不对其产生重视。也因为并

不是拼命努力就能取得结果，所以心态的重要性再次受到人们的高度关注。人人都有一颗心，但我们的目标是什么，如何努力才能取得成功呢？关键还是要看自己的内心。目标推进了成功的可能性，而热情努力的心态则能提高努力的品质，努力的多少会最终决定成果。

实力的机制

心态时代应有的心态

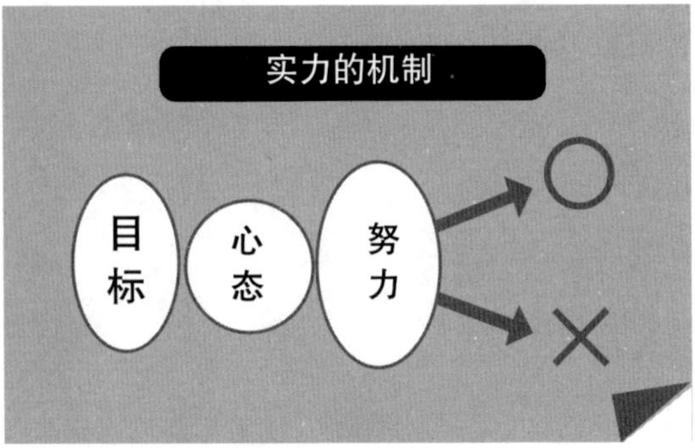

- ●目标推进成功的可能性
- ●热情努力的心态能提高努力的品质
- ●努力的多少最终决定成果

8-8

通过“倾听”来帮助员工

你抓住“听”的实质了吗？你究竟是如何听部下说话的？

①听取：自私地听取喜欢的内容。比如带着固定观念来评判对方。要是问对方“为什么要为这种事情而烦恼呢”的话，这就是只根据自己的价值观来思考问题，忽视对方实际情况的表现。

②忽略：完全封闭自己的内心，一概不接受对方的听话方式。

③倾听：既不偏执于固定观念，也不忽视对方实际情况的中立听话方式。注意要耳听八方。积极地倾听就代表主动去聆听。

④询问：打听。不知道的事就要主动去问。一边整理一边询问。或一边做笔记，一边询问。

当向部下询问以下内容时，请回想你是采取哪种倾听方式的？

①询问意见

②询问事实

③询问本质

④询问原因

⑤询问解决方案

⑥询问心情（感情）

其实上司只要稍微用心倾听，部下的内心就会变得轻松些，起到缓解压力的效果。

尽管如此，你会不会左耳进右耳出呢？或者你会不会假装在听呢？其实上司的听话方式牵动着彼此间的距离。有一则事例，领导正是因为听见了员工的一句“很可惜”，才激发领导把总是扔掉的豆腐渣制成了减肥饼干，成为大卖的人气商品。

掌握倾听的能力

倾听部下说话的方式

①听取：自私地听取喜欢的内容。
比如带着固定观念来评判对方。

②忽略：完全封闭自己的内心，
一概不接受对方的听话方式。

③倾听：既不偏执于固定观念，也不忽视
对方实际情况的中立听话方式。
注意要耳听八方。
积极地倾听就代表主动去聆听。

④询问：打听。
不知道的事就要主动去问。
一边整理，一边询问。
一边做笔记，一边询问。

① 询问意见
② 询问事实
③ 询问本质
④ 询问原因
⑤ 询问解决方案
⑥ 询问心情（感情）

8-9

管理员工的“行动”

你注重观察部下行动的什么方面？你能从部下的行动中获得怎样的信息呢？

①直觉行动：根据经验和感觉来行动。要让员工意识到不能只依靠直觉来行动，要根据数据来客观行动。

②性格行动：当凡事好强的员工要是发扬性格的长处，展现出坚忍不拔的工作状态时，就应该给予表扬。同时也要注意抑制性格的短处，比如性急、爱焦虑的人就容易突然间鲁莽行事。

③目的行动：要事先确认前后行动是否一致，认准目标在什么方向。

④氛围行动：你能从公司营造出的氛围中感受到什么吗？如果能对周围产生积极的影响那当然很好。但要是产生消极影响的话，就要引起注意了。还要怀疑会不会导致心理不适。

⑤使命行动：与冲动的行动完全相反。是考虑到自己的

使命后采取的理性行动。

使命行动需要具备自控能力。因为如果能做到自我控制的话，就有余力带着顾客意识来查看问题的本质。当压力过重时，就不会有余力来思考这些。同时还要注意不要被自己的习惯性行为所影响。

“虾片”的品质确认是需要在高温的环境下进行的严酷工作。新人在那种环境中 5 分钟都待不下去。然而一位 20 来岁、经受住考验的女员工却说：“我不是不良商品的检查员。我是确保顾客能高兴地吃上美味食品的最终责任人。”人人都为她这种认真负责的使命行动所感动。

只要让员工明白自己的工作直接影响着顾客对于公司的印象，就能扎实地推进工作。

观察员工的行动

看透使命行动

① 直觉行动：根据经验和感觉来行动。
要让员工意识到不能只依靠直觉 来行动，要根据数据来客观行动。

② 性格行动：当员工发扬性格的长处时，就要给予表扬。同时也要注意抑制性格的短处，不要突然间鲁莽行事。

③ 目的行动：要事先确认前后行动是否一致，认准目标在什么方向。

④ 氛围行动：你能从公司营造出的氛围中感受到什么吗？如果能对周围产生积极的影响那当然很好。
但要是产生消极影响的话，就要引起注意了。还要怀疑会不会导致心理不适。

⑤ 使命行动：与冲动的行动完全相反。是考虑到自己的使命后采取的理性行动。

“我不是不良商品的检查员。我是确保顾客能高兴地吃上美味食品的最终责任人。”

8-10

提升工厂综合实力的 5 大动力

人的综合实力由以下 4 种心态所决定。

①支援：相互关照，相互支援

②认可：如实接纳，认可价值，获得冷静与情感的安定

③创造：具有应对变化的思考及冒险心态，创造新的价值

④挑战：具有挑战的勇气

这些都是人的基本要素，它们会随着成长形成个人的人格（人的实力）。所谓人的实力，可以认为是把潜在的能力激发出来的能量。它会在现实中成为支撑个人的实力以及实践力。这些要素会体现在以下这 4 种组织力中。

（1）High Technology：技术力

（2）Soft：应用力

（3）High Touch：生命力

（4）Net：人脉力

工厂的综合实力就是每位员工实力的集结。为了不断成长，就需要有意识地发挥人的4大基本要素来提升技术力、应用力、生命力以及人脉力，从而更加灵活、纯熟地发挥这些能力。无论什么事物都具有正反两面性。人也一样，无论是谁都具有消极因子。如果我们消极地看待事物，那么一切就会朝着消极的方向发展。正因为如此，我们就需要把压力转变为动力，为实现目标不懈努力，充分发挥人的综合实力，朝着积极的方向大步跃进。请相信你的实力和组织力！

集结员工的实力

激活人的实力

人的实力 + 技术力 + 应用力 + 生命力 + 人脉力 → 工厂的综合实力

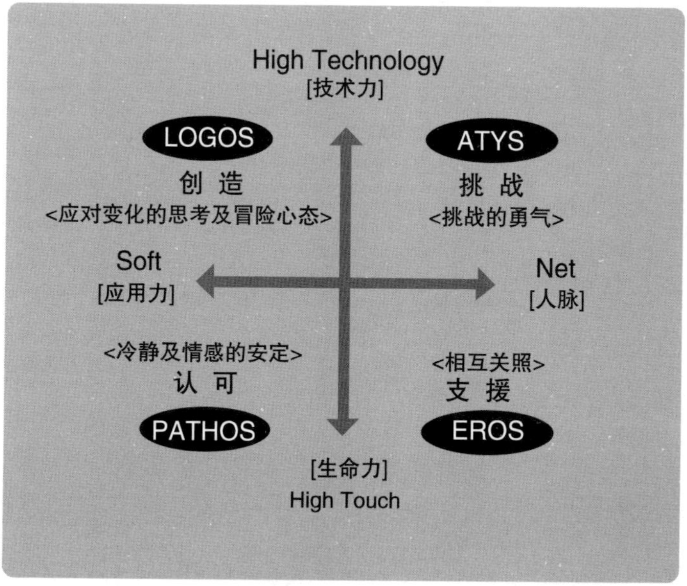

图书在版编目（CIP）数据

工厂心理管理 /（日）铃木丈织 著；毕玺 译. —北京：东方出版社，2014.12
（精益制造；27）
ISBN 978-7-5060-7907-5

Ⅰ.①工… Ⅱ.①铃… ②毕… Ⅲ.①工业企业管理—研究 Ⅳ.①F406

中国版本图书馆 CIP 数据核字（2014）第 297604 号

精益制造 027：工厂心理管理
（JINGYIZHIZAO 027：GONGCHANG XINLI GUANLI）

作　　者：[日] 铃木丈织
译　　者：毕　玺
责任编辑：崔雁行　高琛倩
出　　版：东方出版社
发　　行：人民东方出版传媒有限公司
地　　址：北京市西城区北三环中路 6 号
邮　　编：100120
印　　刷：北京文昌阁彩色印刷有限责任公司
版　　次：2015 年 1 月第 1 版
印　　次：2021 年 2 月第 4 次印刷
开　　本：880 毫米×1230 毫米　1/32
印　　张：9.75
字　　数：195 千字
书　　号：ISBN 978-7-5060-7907-5
定　　价：38.00 元
发行电话：（010）85924663　85924644　85924641